Francês urgente!
Para Brasileiros

Respeite o direito autoral

O GEN | Grupo Editorial Nacional reúne as editoras Guanabara Koogan, Santos, Roca, AC Farmacêutica, Forense, Método, LTC, E.P.U. e Forense Universitária, que publicam nas áreas científica, técnica e profissional.

Essas empresas, respeitadas no mercado editorial, construíram catálogos inigualáveis, com obras que têm sido decisivas na formação acadêmica e no aperfeiçoamento de várias gerações de profissionais e de estudantes de Administração, Direito, Enfermagem, Engenharia, Fisioterapia, Medicina, Odontologia, Educação Física e muitas outras ciências, tendo se tornado sinônimo de seriedade e respeito.

Nossa missão é prover o melhor conteúdo científico e distribuí-lo de maneira flexível e conveniente, a preços justos, gerando benefícios e servindo a autores, docentes, livreiros, funcionários, colaboradores e acionistas.

Nosso comportamento ético incondicional e nossa responsabilidade social e ambiental são reforçados pela natureza educacional de nossa atividade, sem comprometer o crescimento contínuo e a rentabilidade do grupo.

Angela F. Perricone Pastura

Francês urgente!
Para Brasileiros

15ª Tiragem

A autora e a editora empenharam-se para citar adequadamente e dar o devido crédito a todos os detentores dos direitos autorais de qualquer material utilizado neste livro, dispondo-se a possíveis acertos caso, inadvertidamente, a identificação de algum deles tenha sido omitida.

Não é responsabilidade da editora nem da autora a ocorrência de eventuais perdas ou danos a pessoas ou bens que tenham origem no uso desta publicação.

Apesar dos melhores esforços da autora, do editor e dos revisores, é inevitável que surjam erros no texto. Assim, são bem-vindas as comunicações de usuários sobre correções ou sugestões referentes ao conteúdo ou ao nível pedagógico que auxiliem o aprimoramento de edições futuras. Os comentários dos leitores podem ser encaminhados à **LTC — Livros Técnicos e Científicos Editora** pelo e-mail ltc@grupogen.com.br

Direitos exclusivos para a língua portuguesa
Originalmente publicado por Elsevier Editora Ltda. © 2003
Reimpressão Copyright © 2015 by
LTC — Livros Técnicos e Científicos Editora Ltda.
Uma editora integrante do GEN | Grupo Editorial Nacional

Reservados todos os direitos. É proibida a duplicação ou reprodução deste volume, no todo ou em parte, sob quaisquer formas ou por quaisquer meios (eletrônico, mecânico, gravação, fotocópia, distribuição na internet ou outros), sem permissão expressa da editora.

Travessa do Ouvidor, 11
Rio de Janeiro, RJ — CEP 20040-040
Tels.: 21-3543-0770 / 11-5080-0770
Fax: 21-3543-0896
ltc@grupogen.com.br
www.ltceditora.com.br

Editoração Eletrônica: Futura
Revisão Gráfica: Ivone Teixeira

CIP-BRASIL. CATALOGAÇÃO-NA-FONTE
SINDICATO NACIONAL DOS EDITORES DE LIVROS, RJ

P329f

Pastura, Angela, 1950-
Francês urgente! para brasileiros : soluções simples e rápidas para aprender de vez / Angela Pastura. - 1. ed. - Rio de Janeiro : LTC, 2015.
il. ; 24 cm.

ISBN 978-85-216-2955-9

1. Língua francesa - Compêndios para estrangeiros. I. Título.

15-24584   CDD: 448.24
                              CDU: 811.133.1′243

*Para
Giuseppe e André,
sempre*

Agradecimentos

A todos os meus amigos, amicíssimos, que colaboraram de alguma forma na realização deste livro:

Jean-Yves Cordier, Bruno Cordier, Fanny Pomp, Laura Annette Ferreira de Moraes, Cláudio Soares da Silva e Ricardo Redisch.

A todos os meus antigos professores do CAP-UFRJ, da Alliance Française e da PUC-Rio.

A todos os meus tão queridos alunos e ex-alunos, matéria-prima preciosa.

A todos os meus diretores e colegas da Alliance Française, da PUC-Rio e da UFRJ.

À tous, un grand merci!

Sumário Geral

Introdução   17

Os sons do francês   27

1   Principais dificuldades encontradas pelos alunos brasileiros   33

2   Gramática   143

Respostas dos exercícios   229

Sumário Detalhado

Introdução   17

Os sons do francês   27

1. Principais dificuldades encontradas pelos alunos brasileiros   33

  1. **Vous** e **tu**   33
  2. Os empregos do **on**   34
  3. Um simples acento... e tudo se transforma!   35
  4. **Emmener, amener, emporter, apporter**   40
  5. **An** ou **année**   41
  6. **Il (ou elle) est... C'est...**   42
  7. **Mon chéri, ma chérie** (meu querido, minha querida)   43
  8. Os adjetivos possessivos: **son – sa – ses**   44
  9. Os artigos definidos e as preposições **à** e **de**   45
 10. **Espérer** ou **attendre?**   47
 11. **Revenir** ou **Retourner?**   49
 12. **Rencontrer** ou **retrouver?**   50
 13. Até – como expressar esta preposição em francês?   50
 14. Como traduzir o artigo partitivo?   51
 15. Como fazer perguntas em francês?   53
 16. **Il y a / Il y a ... que/Depuis**   56
 17. **En** e **y**   58

18. **Moi aussi/moi non/moi non plus/moi si.** 64
19. O pronome **il.** 65
20. A preposição **chez** 67
21. **Par** ou **Pour?** 68
22. Negativa 72
23. **Très** ou **beaucoup?** 78
24. **Quelque** ou **quel (le)** ... **que** ou **quelque(s)... que** 79
25. **Être** ou **avoir?** 80
26. Concordância do particípio passado 84
27. Autant
28. dont ou duquel?
29. leur, leurs, lui

2. Gramática 143

I.   O artigo   143
    1. O artigo definido   144
    2. O artigo indefinido   145
    3. O artigo partitivo   145

II.   O substantivo   148
    1. O gênero   148
    2. Formação do plural   151

III.   O adjetivo   158
    1. O gênero   158
    2. Formação do plural   161
    3. Concordância com o substantivo   161
    4. Colocação   162
    5. Graus dos adjetivos   164

IV.   Os numerais   166
    1. Os numerais cardinais   166
    2. Os numerais ordinais   167

V.   O advérbio   168

VI.   A preposição   171

VII.   O pronome   177
    1. Pronomes pessoais   177
    2. Pronomes possessivos   180

3. Pronomes relativos   185
4. Pronomes interrogativos   186
5. Pronomes indefinidos   187
6. Pronomes demonstrativos   192

VIII. Conjunção   193

IX. Verbo   200

Respostas dos Exercícios   229

Prefácio

"Minha pátria é a língua portuguesa", afirma, categórico, o poeta português Fernando Pessoa. Se pensarmos na situação de Angela Pastura, brasileira e professora de francês há 43 anos, o verso do poeta talvez soe inadequado.

Caso de amor: não há outra expressão para definir a relação de Angela com a língua francesa. O seu prazer – sempre renovado – no contato com este idioma contribui para estimular a imaginação e o interesse de alunos e leitores pela língua estudada.

Tantos anos de magistério e pesquisa lhe permitem detectar com precisão as principais dúvidas e dificuldades enfrentadas pelos brasileiros durante o aprendizado do idioma francês. Estas são organizadas e esclarecidas de forma clara na Parte I do livro.

O essencial da gramática francesa é exposto de forma concisa, possibilitando ao leitor a aquisição de uma base rápida. O livro apresenta, ainda, uma lista de expressões fundamentais para a comunicação do dia a dia no idioma francês.

Desta forma, aliando sensibilidade e metodologia inovadora, Angela Perricone oferece ao público leitor este guia prático e agradável, acessível a qualquer pessoa interessada em iniciar ou renovar seu contato com a língua francesa.

Lucelena Ferreira

Introdução

Por que estudar francês?

"É importante ler, escrever e falar em francês para a minha formação?"

"Por que dizem que é difícil?"

São perguntas que ouvimos com certa frequência. O fundamental é perceber a importância deste idioma na nossa formação. Feito isso, veremos que toda e qualquer dificuldade será superada.

Desenvolver nossas capacidades nos leva à autorrealização. Devemos sempre levar em conta que temos interesses e necessidades diversificadas e que nossas aptidões são diferentes. Precisamos definir claramente o que queremos, e, em seguida, acreditar, rejeitando pensamentos, palavras e expressões do tipo: "Mas... será que eu posso?", "Será que eu consigo?", "Talvez" etc.

O ensino da língua francesa está previsto nos programas de quase todas as escolas do mundo, como instrumento de desenvolvimento pessoal, de comunicação e de acesso a culturas e civilizações estrangeiras. A presença da cultura francesa foi marcante no mundo inteiro durante muito tempo. Bens culturais e materiais da França chegavam aos quatro cantos do planeta, trazendo consigo as marcas de um eurocentrismo que se julgava universal.

No Brasil, essa cultura floresceu a partir do século XIX e implantou-se, de maneira dominante, durante mais de cem anos, até começar a perder a hegemonia para a cultura norte-americana. Foi, entretanto, na virada do século que as marcas francesas se fizeram mais evidentes, provocando a festiva e desigual inserção do Brasil na *Belle Époque*.

Naquele momento, o Rio de Janeiro, a Capital Federal, moderniza-se, sob o signo do cosmopolitismo parisiense, que mal se adapta a uma cidade ainda de feição colonial. O Rio, então, imita Paris, a Cidade-Espelho.

O escritor Pedro Nava resume bem, quando afirma:

"A cultura brasileira é praticamente nascida da portuguesa, mas fecundada da maneira mais favorável pela francesa que dominou aqui, no terreno das artes e da ciência, sobre todas as sabedorias do resto do mundo."

A presença cultural francesa começa no Primeiro Reinado e, no Segundo, ela se intensifica. Companhias teatrais, modistas na rua do Ouvidor, livrarias – tudo era francês ou estruturado para a venda de artigos franceses.

A República chegou e, passados os presidentes-marechais, coube aos governantes civis lançarem-se na construção de uma capital digna dos tempos modernos. Os planejadores inspiraram-se na reforma de Paris, realizada pelo barão Haussmann, na segunda metade do século XIX. É a França presente nesse processo de colonização cultural da elite carioca que, no final do século XIX e primeiras décadas do século XX, deixa suas fortes marcas nesse período conhecido como *Belle Époque*.

O Brasil continua estreitando cada vez mais seus laços com a cultura francesa. As reportagens, a quantidade de artigos e notícias referentes à França na imprensa brasileira mostram que a pátria de Molière ainda é polo de atração. Interessamo-nos pelo que eles dizem, pensam e vestem. "Quando os franceses resolvem se mexer, não trazem apenas capital e trabalho. Junto vêm a língua, o vinho e a cultura", diz o jornal *O Globo*.

Laços antigos unem o Brasil à cultura francesa, desde a célebre missão chefiada por Grandjean de Montigny, em 1816, passando depois pela filosofia (Comte e Bergson), pelo urbanismo (Haussmann, Agache, Le Corbusier) e pela medicina, não esquecendo a importância que o poeta Blaise Cendrars e as vanguardas tiveram para nossos modernistas e a marca que Claude Lévy-Strauss, Michel Foucault, Fernand Braudel e Roger Bastide deixaram na nossa universidade. Quase todos os nossos escritores, dos românticos aos simbolistas, de Machado de Assis a Manuel Bandeira e Carlos Drummond de Andrade, por exemplo, foram marcados pela cultura francesa. Essa inestimável herança precisa ser resgatada e redirecionada para o futuro.

É lamentável, portanto, que se tenha permitido a mediocrização do ensino brasileiro a ponto de se tornar supérfluo o aprendizado da língua francesa. Este idioma continua sendo o idioma latino mais destacado e o segundo idioma de cultura de maior universalidade no mundo ocidental.

No passado, tínhamos uma dependência tão forte que até comemorávamos todo ano o 14 de julho, data da Queda da Bastilha. No decorrer do século XX, essa influência se desloca, o foco de interesse muda de endereço. Após a Segunda Guerra Mundial, os Estados Unidos, ao lado da força econômica e ideológica, passaram a ditar modas e comportamentos.

Apesar de o aprendizado do idioma não constar mais nos currículos da maioria dos estabelecimentos de ensino, pois fatores econômicos são preponderantes para a sua inclusão, é preciso observar que, ultimamente, vêm se multiplicando meios informais de aprendizagem do francês. Já existe um canal de TV transmitindo, durante 24 horas, toda a programação da emissora voltada para diferentes países de língua francesa, como Canadá, França, Suíça, Bélgica, entre outros, além da transmissão, em outros canais, de filmes, documentários, festivais de filmes e de música.

São igualmente importantes as exposições de pinturas e esculturas de artistas franceses que têm sido realizadas no Museu Nacional de Belas Artes, assim como toda a programação da Casa França-Brasil.

Todo esse interesse do brasileiro pela França é reflexo também do interesse dos franceses pelo Brasil, o que explica o crescente movimento do intercâmbio de jovens brasileiros passando temporada em residências francesas e jovens franceses vindo conviver com famílias brasileiras.

A realização deste livro de certa forma contribui para o resgate dessa parceria cultural e pretende facilitar o estudo de todo aquele que deseja ampliar seus conhecimentos de forma mais autônoma, segundo suas possibilidades e na razão direta de sua necessidade.

Acredito que será bem acolhido um livro simples, acessível a estudantes de qualquer nível ou apreciadores do francês, que responda à maioria das perguntas dos seus usuários, esclareça dúvidas, alerte para as armadilhas e, principalmente, estimule o gosto pelo idioma.

Neste livro, apresentamos e discutimos as desculpas que as pessoas dão para não aprender francês, os erros mais frequentes de brasileiros em estrutura, vocabulário e pronúncia de francês, uma gramática concisa, e uma lista de palavras organizadas em grandes grupos, formando um guia para o vocabulário básico necessário à comunicação em língua francesa.

Observação importante

Este livro apresenta um método inovador e uma gramática concisa de língua francesa. O que desejamos aqui é apontar o caminho da fala e da escrita corretas. Visamos você, que quer começar a estudar a língua francesa de um modo prático e agradável. Até mesmo para você que tem ainda algumas dúvidas ou que precisa rever algumas noções talvez esquecidas. Sempre vale a pena estudar. Acrescentei ainda poesias e algumas lindas canções que ajudarão a motivá-lo(a) num maior aprofundamento.

Introduction

Pourquoi étudier le français?

"C'est important de lire, écrire et parler pour ma formation?"

"Pourquoi dit-on que c'est difficile?"

Ce sont des questions que nous entendons fréquemment. Ce qui est fondamental, c'est de percevoir l'importance de cette langue dans notre formation. Ce faisant, nous verrons que toute et n'importe quelle difficulté sera surmontée.

Développer nos capacités nous mène à l'auto-réalisation. Nous devons toujours tenir compte que nous avons des intérêts et des besoins diversifiés et que nos aptitudes sont différentes.

Il nous faut définir clairement ce que nous voulons, et, ensuite, croire, en écartant des pensées, des mots et des expressions du type: *"Mais... est-ce que je peux?"*, *"Est-ce que je réussirai?"*, *"Peut-être"*, etc.

L'enseignement de la langue française est prévu dans les programmes de presque toutes les écoles du monde, comme instrument de développement personnel, de communication et d'accès aux cultures et civilisations étrangères. La présence de la culture française a été très forte dans le monde entier pendant longtemps. Des biens culturels et matériels de la France arrivaient aux quatre coins de la planète, apportant les marques d'un eurocentrisme qui se voulait universel.

Au Brésil, cette culture a fleuri à partir du XIXe siècle, s'y installant, de façon dominante, pendant plus de cent ans, jusqu'à ce qu'elle commence à perdre son hégémonie au profit de la culture nord-américaine. Ce n'est, cependant, qu'au début du XXe siècle que les marques françaises se font plus évidentes, entraînant l'insertion du Brésil dans la Belle Époque.

À ce moment-là, Rio de Janeiro, la Capitale Fédérale, se modernise, sous le signe du cosmopolitisme parisien qui s'adapte mal à une ville dont l'aspect reste colonial. Rio, donc, imite Paris, la Ville-Miroir.

L'écrivain Pedro Nava résume bien quand il affirme: *"La culture brésilienne est pratiquement née de la portugaise, mais fécondée de la manière la plus favorable par la française qui a dominé ici, dans le domaine des arts et des sciences, sur toutes les connaissances du reste du monde."*.

La présence culturelle française commence sous le Premier Règne et s'intensifie sous le Second. Des compagnies théâtrales, des couturières dans la rue do Ouvidor, des librairies – tout était français ou structuré pour la vente des articles français.

La République est arrivée et, passés les présidents-maréchaux, les gouvernants civils ont eu en charge de se lancer dans la construction d'une capitale digne des temps modernes. Les projeteurs se sont inspirés des modifications de Paris, réalisées par le Baron Haussmann, dans la seconde moitié du XIXe siècle. C'est la France présente dans ce processus de colonisation culturelle de l'élite carioca qui, à la fin du XIXe et les premières décennies du XXe, laisse ses empreintes dans cette période connue comme Belle Époque.

Le Brésil continue à resserrer chaque fois plus ses liens avec la culture française. Les reportages, la quantité d'articles et de nouvelles qui se réfèrent à la France dans la presse brésilienne montrent que la patrie de Molière est encore un pôle d'attraction. Nous nous intéressons à ce qu'ils disent, à ce qu'ils pensent et comment ils s'habillent. *"Quand les Français décident de se déplacer, ils n'apportent pas seulement le capital et le travail. Viennent aussi la langue, le vin et la culture."*, dit le journal "O Globo".

Des liens anciens unissent le Brésil à la culture française, depuis la célèbre mission commandée par Granjean de Montigny, em 1816, passant ensuite par la philosophie (Comte et Bergson), par l'urbanisme (Haussmann, Agache, Le Corbusier) et par la médecine, sans oublier l'importance que le poète Blaise Cendrars et les avant gardes ont eu pour nos modernistes et la marque que Claude Lévy-Strauss, Michel Foucault, Fernand Braudel et Roger Bastide ont laissé dans notre université. Presque tous nos écrivains, des romantiques aux symbolistes, de Machado de Assis à Manuel Bandeira et Carlos Drummond de Andrade, par exemple, ont été marqués par la culture française. Cet inestimable héritage doit être sauvegardé et recentré vers le futur.

Il est lamentable, cependant, qu'on ait permis l'appauvrissement de l'enseignement brésilien au point de rendre superflu l'apprentissage de la langue française. Cette langue continue à être la langue latine la plus remarquable et la deuxième langue de culture ayant la plus grande universalité dans le monde occidental.

Autrefois, nous avions une dépendance si forte que nous commémorions chaque année le 14 juillet, la Prise de la Bastille. Au long du XXe siècle, cette influence se déplace, le centre d'intérêt change d'adresse. Après la Seconde Guerre Mundiale, les États-Unis, à côté de la force économique et idéologique, ont commencé à dicter des modes et comportements.

Bien que l'apprentissage de la langue ne figure plus dans les curriculum de la plupart des établissements d'enseignement, car des facteurs économiques sont prépondérants pour son inclusion, on doit observer que, dernièrement, des moyens informels d'apprentissage du français viennent à se multiplier. Il existe déjà une chaîne de télévision qui diffuse, 24 heures sur 24, toute une programmation issue de différents pays d'expression française, comme le Canada, la France, la Suisse, la Belgique, entre autres, outre la transmission, sur d'autres chaînes, des films, documentaires, festivals de cinéma et de musique.

Sont également importantes les expositions de peintures et de sculptures d'artistes français qui sont réalisées au Musée National des Beaux Arts, ainsi que toute la programmation de la Maison France-Brésil.

Tout cet intérêt du Brésilien pour la France est aussi le reflet de l'intérêt des Français pour le Brésil, ce qui explique le croissant mouvement d'échange de jeunes brésiliens passant des séjours dans des familles françaises et des jeunes français qui viennent cohabiter avec des familles brésiliennes.

La réalisation de ce livre d'une certaine manière contribue à la sauvegarde de ce partenariat culturel et prétend faciliter l'étude de tous ceux qui veulent amplifier leurs connaissances de manière plus autonome, selon leurs possibilités et en fonction directe de leur nécessité.

Je crois au bon accueil d'un livre simple, accessible à des étudiants de tout niveau ou amateurs du français, qui répond à la plupart des questions de ses lecteurs, dissipant les doutes, désignant les pièges et, surtout, stimulant le goût pour la langue.

Il est organisé de la manière suivante: présentons et expliquons les prétextes que les personnes donnent pour ne pas apprendre le français; les erreurs les plus fréquentes des Brésiliens en structure, vocabulaire et prononciation du français; une grammaire concise, et une liste de mots classés en grands groupes, formant un guide de vocabulaire basique nécessaire à la communication en langue française.

Observation importante

Ce livre présente une méthode innovatrice et une grammaire très concise de la langue française. Ce que nous voulons ici c'est montrer le chemin du parler et de l'écrit corrects. Nous nous adressons à vous qui voulez commencer à étudier la langue française d'une manière pratique et agréable. Même pour vous qui avez encore quelques doutes ou qui avez besoin de revoir quelques notions peut-être oubliées. Cela vaut toujours la peine d'étudier. J'ai ajouté encore des poésies et quelques belles chansons qui aideront à vous motiver pour un plus grand approfondissement.

Desculpas mais comuns dos alunos

1. Não consigo ou não tenho talento para aprender francês.

   Se você pensar assim, realmente não vai aprender. Não se "feche". Todos temos sensibilidade. Imagine só uma coisa: se você tivesse nascido na França durante uma viagem de seus pais e devesse morar lá. Você seria mudo? Pense nisso. Não se conforme com o mau aproveitamento. Reflita no que vai representar para você em termos de prestígio, de progresso profissional e desenvolvimento cultural.

2. Não gosto de francês.

   Apesar de mais grave, essa desculpa não é válida. Tenho certeza, por experiência própria, que ao começar a aprender, a se comunicar, o prazer da língua virá. Quanto mais o estudo do francês abrir as portas para o conhecimento direto de maravilhas que são fruto de uma cultura milenar, mais entusiasmado você ficará. E, além do mais, é um *plus* no seu currículo.

3. Francês é muito difícil, não consigo ter fluência.

   Só adquirimos fluência quando conseguimos raciocinar no idioma que estamos aprendendo. O que nos ajuda é fazer não só exercícios de compreensão oral, mas também muitos e muitos de conversação. Ouça músicas, veja filmes, assista programas na televisão em francês, leia, leia, leia, inclusive em voz alta. Fale do jeito que der. Não importa neste momento. Ninguém aprendeu a andar sem engatinhar e sem "sair do colo". Ouse! Uma caminhada de mil metros começa com o primeiro passo. Velho e sábio provérbio.

Dicas para os professores

1. Podemos influir e muito no desenvolvimento das capacidades de nossos alunos. Depende da nossa atitude. É preciso que atentemos para a nossa imensa responsabilidade na formação dos alunos. "Meus alunos não gostam de falar em francês!" Colega, incentive-o! Seja claro(a): apenas nas primeiras aulas é que vamos falar em português ou depois em alguma explicação para clarear uma regra gramatical mais complicada. Fora isso, quer entre si, quer com o professor, só em francês. Diga-lhe que não importa agora, nesse momento, que fale errado. O importante é falar. E outro ponto: promover a participação de TODOS os alunos. "E a pronúncia?" A correta é desejável, claro. Mas, insisto: o importante é a comunicação. Devemos incentivá-la, mas não exigi-la porque isso, certamente, o inibirá.

2   A autoridade do professor na classe depende de fatores essenciais: nossa apresentação pessoal perante nossos alunos, nosso conhecimento seguro da matéria, nossa comunicação e, muito importante: nosso interesse pelo progresso da turma.

3   Affonso Romano de Sant'Anna disse uma vez que os alunos deveriam não apenas desejar saber, mas saber desejar. "Desejar o saber é uma primeira etapa, mas saber desejar é refinada atitude. Entre um e outro vai a distância do canibal ao *gourmet*."

Assim, o melhor professor seria aquele que não detém o poder nem o saber, mas que está disposto a perder o poder para fazer emergir o saber múltiplo.

Talvez seja por isso que em francês o verbo **apprendre** tanto significa aprender como ensinar e também saber. Depende da regência. Depende de nós.

Os Sons do Francês

Você verá a seguir algumas observações importantes sobre a pronúncia em francês.

1. Em francês, a vogal 'e' pode apresentar os seguintes sons:

Você escreve em francês assim:	Você lê em português assim:
é	ê
è	é
ê	é ou e
e *(em final da palavra ou no meio)*	não lê

Exemplos:
café ↘ leia [cafê]
mère *(mãe)* ↘ leia [mér]
tête *(cabeça)* ↘ leia [tét]
samedi *(sábado)* ↘ leia [samdi]
fenêtre *(janela)* ↘ leia [fnétr]
poète *(poeta)* ↘ leia [poét]
théâtre (teatro) ↘ leia [teatr]

2. Quando você encontrar na grafia do francês:
    boxed{ai} ↘ leia [ê] ou [é]

Exemplos:
maison *(a casa)* ↘ leia [mêson]
chantais *(cantava)* ↘ leia [chanté]

gai *(alegre)* ↘ leia [gué] ou [guê]
chaise *(cadeira)* ↘ leia [chés]
souhait *(desejo)* ↘ leia [sué]

boxed(ou) ↘ leia **[u]**

Exemplos:
poupée *(boneca)* ↘ leia [pupê]
amour *(amor)* ↘ leia [amur]
goût *(gosto)* ↘ leia [gu]
août *(agosto)* ↘ leia [u] ou [ut]
oublier *(esquecer)* ↘ leia [ubliê]
où *(onde)* ↘ leia [u]

boxed(u) ↘ leia **[u]** fazendo um "biquinho" 👄

Exemplos:
mur *(muro, parede)* ↘ leia [m👄r]
sur *(sobre)* ↘ leia [s👄r]
bûche *(acha de lenha)* ↘ leia [b👄ch]
dune *(duna)* ↘ leia [d👄n]

boxed(oi) ↘ leia **[uá]**

Exemplos:
moi *(eu, mim)* ↘ leia [muá]
trois *(três)* ↘ leia [truá]
foi *(fé)* ↘ leia [fuá]
joie *(alegria)* ↘ leia [juá]

boxed(eau(x)) e boxed(au(x)) ↘ leia **[ô]**

Exemplos:
mauvais *(ruim)* ↘ leia [mové]
haut *(alto)* ↘ leia [ô]
eau *(água)* ↘ leia [ô]
chevaux *(cavalos)* ↘ leia [chvô]
Baudelaire *(o poeta)* ↘ leia [Bôdler]
Claude *(Cláudio, Cláudia)* ↘ leia [Clôd]
aube *(alvorecer)* ↘ leia [ôb]

OS SONS DO FRANCÊS **29**

gn ↘ leia **[nh]**

Exemplos:
agneau *(cordeiro)* ↘ leia [anhô]
digne *(digno)* ↘ leia [dinhe]
ignorance *(ignorância)* ↘ leia [inhorans]
magnifique *(magnífico, a)* ↘ leia [manhific]
ligne *(linha)* ↘ leia [linh]
montagne *(montanha)* ↘ leia [montánh]

Obs.: Em palavras de cunho erudito, falamos o **'gn'**

Exemplos:
gnose *(conhecimento, sabedoria)* ↘ leia [gnos]
agnostique *(agnóstico)* ↘ leia [agnostic]
gnome *(gnomo)* ↘ leia [gnom]
cognat *(cognato)* – *vocábulo que tem raiz comum com outro* ↘ leia [cogná]
magnolia *(magnólia)* ↘ leia [magnoliá]
stagnation *(estagnação)* ↘ leia [stagnaciõ]

ill ↘ leia **[i]**

Exemplos:
famille *(família)* ↘ leia [famie]
fille *(filha)* ↘ leia [fie]
Versailles ↘ leia [Versaie]
Marseille ↘ leia [Marseie]

Exceções – você deve pronunciar os 'l' nas palavras abaixo:
ville *(cidade)*	milliard *(bilhão)*	Lille *(a cidade de Lille)*
village *(vilarejo)*	billion *(trilhão)*	maxillaire *(maxilar)*
mille *(mil)*	tranquille *(tranquilo)*	pupille *(pupilo, a)*
million *(milhão)*	imbecillité *(imbecilidade)*	(órfão, ã) (pupila)

x ↘ leia **[ks], [gs], [s]** ou **[ss]** e **nunca [ch]**

Exemplos:
taxi *(táxi)* ↘ leia [taksi]
exister *(existir)* ↘ leia [egsistê]
soixante *(sessenta)* ↘ leia [suassant]
six (seis) ↘ leia [sis]
dix (dez) ↘ leia [dis]

exprès *(de propósito)* ↘ leia [ekspré]
examen *(exame)* ↘ leia [egsamã]
deuxième *(segundo)* ↘ leia [dêziém]
femme *(mulher)* ↘ leia [fam]
    prudemment *(prudentemente)* ↘ leia [prudamã]
    fréquemment *(frequentemente)* ↘ leia [frêcamã]

boxed(in) e boxed(im) ↘ leia [ã] (nasal)

Exemplos:
simple *(simple)* ↘ leia [sãpl] – *lembre-se que o som sai pelo nariz*
fin *(fin)* ↘ leia [fã] – *lembre-se que o som sai pelo nariz*

3. Coloca-se o trema em francês sobre as vogais boxed(e), boxed(i) e boxed(u) para indicar que elas se pronunciam **separadamente** da vogal que está junto com elas

Exemplos:
haïr *(odiar)* ↘ leia [haír]
maïs *(milho)* ↘ leia [maís]
Raphaël, Israël, Joël ↘ leia como em português, mas caprichando no 'l' final
naïf ↘ leia [naíf]

4. Normalmente **não** pronunciamos as **consoantes finais** em francês.

Exemplos:
nez *(nariz)* ↘ leia [nê]
petit *(pequeno)* ↘ leia [pti]
mais *(mas)* ↘ leia [mé]
vous voulez *(vocês querem)* ↘ leia [vu vulê]
grand *(grande)* ↘ leia [grã]
cas *(caso)* ↘ leia [ca]
ils sont *(eles são/estão)* ↘ leia [il sõ]
elle est *(ela é/está)* ↘ leia [élé]
tu as *(você tem)* ↘ leia [t 🞄 a]
Jésus Christ *(Jesus Cristo)* ↘ leia [jez 🞄 cri]
drap *(lençol)* ↘ leia [drá]
pied *(pé)* ↘ leia [piê]
suspect (suspeito) ↘ ; leia [s 🞄 spe]
riz (arroz) ↘ leia [ri]
sport (esporte) ↘ leia [spor]

Algumas exceções dentre muitas...
Christ *(Cristo)* ↝ leia [Crist]
concept *(conceito)* ↝ leia [concept]
compact *(compacto)* ↝ leia [compact]
atlas *(atlas)* ↝ leia [atlass]
cactus *(cacto)* ↝ leia [cact👄ss]
mars *(março)* ↝ leia [marss]
ours *(urso)* ↝ leia [urss]
fils *(filho homem)* ↝ leia [fiss]
tous *(<u>todos</u> quando <u>pronome</u>)* ↝ leia [tuss]
jadis *(antigamente)* ↝ leia [jadiss]
tennis (tênis) ↝ leia [tenisss]
talc (talco) ↝ leia [talk]
spot (projetor) ↝ leia [spot]
rut (cio) ↝ leia [r👄t]

Obs.: A palavra <u>fil</u> (fio) no plural, recebe um $\boxed{s}$ mas não se pronuncia.

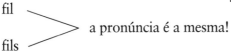

mas, na palavra <u>fils</u> (filho homem ou filhos homens) a pronúncia é [fis] como disse acima.

1

Principais Dificuldades Encontradas pelos Alunos Brasileiros

1. **Vous** e **tu**

Formas de tratamento com emprego bem distinto.

Vous – quando empregado para marcar polidez, distanciamento ou cerimônia pode ser traduzido por: o senhor, a senhora, a senhorita, V.Exa., V.Sa. e seus plurais.

Pode designar também o plural, referindo-se a um grupo de amigos, familiares ou crianças.

Ex.: **Vous m'entendez, les enfants?** (Vocês me ouvem, crianças?)
Vous m'entendez, mes amis? (Vocês me ouvem, meus amigos?)
Vous m'entendez, mes frères? (Vocês me ouvem, meus irmãos?)

Tu – é tratamento dado apenas aos familiares, amigos íntimos e às crianças.

Observação: Este é um ponto absolutamente crucial no ensino da língua francesa devido ao fato de não termos o costume de empregar a 2ª pessoa do plural.

O uso diferenciado dos dois pronomes é de tal importância que uma pessoa hierarquicamente subordinada a outra se sentiria desrespeitada e até ofendida, se seu superior se dirigisse a ela tratando-a por tu.

Em caso de dúvida, é sempre preferível tratar todos por **vous**, principalmente nas relações com o público.

Outro indicador da importância do respeito a essa diferença de uso é o fato de uma pessoa que antes tratava a outra por **vous** sugerir:

On se tutoie? On se dit tu? (Vamos nos tratar por tu?)

Observe-se ainda a existência dos verbos **tutoyer** (tratar por tu) e **vouvoyer** (tratar por vous) e os respectivos substantivos: le tutoiement e le vouvoiement.

2. Os empregos do **on**

Este pronome da 3ª pessoa do singular que etimologicamente significa homem tem duas propriedades. Uma semântica: ele evoca sempre um ser humano; a outra sintática: só pode ser sujeito.

É um pronome muito usado na conversação e se refere, geralmente, a um sujeito indeterminado.

Ex.: **On ne vit pas sans amour.** (Não se vive sem amor.)
On a volé une toile de Renoir. (Roubaram uma tela de Renoir.)
On m'a parlé de toi. (Falaram-me de você.)
Ici, on doit changer de métro. (Aqui, deve-se mudar de metrô.)

Mas também significa nós ou a gente, este num registro mais informal.

Ex.: **On regarde le dernier film de Becker?** (Nós vemos o último filme de Becker?)
On part le mois prochain. (Partimos no mês que vem.)
On se retrouve au café? (A gente se encontra no bar?)

Podemos ainda traduzir este pronome por meio da partícula se como pronome apassivador. Assim:

On parle français. (Fala-se francês.)
On loue des appartements. (Alugam-se apartamentos.)

3. Um simples acento... e tudo se transforma!

É o que acontece com:
    où e ou
    sûr e sur
    mûr e mur
    dû e du
    là e la
    à e a
    tâche e tache
    pêcher e pécher

> **Atenção:**
> A pronúncia é a mesma.

a) où e ou

Où é advérbio de lugar e significa <u>onde</u>, <u>em que lugar,</u> <u>em que</u>, <u>em que coisa</u>, <u>lá</u> <u>que</u>.

Ex.: **Où vas-tu?** (Onde você vai?)
     D'où viens tu? (De onde você vem?)

     C'est la ville où je suis né(e). (É a cidade em que nasci.)
     Le jour où il arrivera. (O dia em que ele chegará.)

Ou é conjunção coordenada alternativa e significa o mesmo em português.

Ex.: **Moi ou toi?** (Eu ou você?)
     Tu veux du café ou du thé? (Você quer café ou chá?)

Como ilustração, e também para fixarmos a "diferença" que faz um acento, vamos ler esta poesia de Jacques Prévert:

L'Accent Grave

Le professeur

Élève Hamlet!

L'élève Hamlet
(sursautant)

...Hein... Quoi... Pardon... Qu'est-ce qui se passe...
Qu'est-ce qu'il y a... Qu'est-ce que c'est?...

Le professeur
(mécontent)

Vous ne pouvez pas répondre "présent" comme tout le monde? Pas possible, vous êtes encore dans les nuages.

L'élève Hamlet

Être ou ne pas être dans les nuages!

Le professeur

Suffit. Pas tant de manières. Et conjuguez-moi le verbe être, comme tout le monde, c'est tout ce que je vous demande.

L'élève Hamlet

To be...

Le professeur

En français, s'il vous plaît, comme tout le monde.

L'élève Hamlet

Bien, monsieur. (Il conjugue:)

Je suis ou je ne suis pas
Tu es ou tu n'es pas
Il est ou il n'est pas
Nous sommes ou nous ne sommes pas...

Le professeur
(excessivement mécontent)

Mais c'est vous qui n'y êtes pas, mon pauvre ami!

L'élève Hamlet

C'est exact, monsieur le professeur,
Je suis "où" je ne suis pas
Et, dans le fond, hein, à la réflexion,
Être "où" ne pas être
C'est peut-être aussi la question

O Acento Grave

O professor

Aluno Hamlet!

O aluno Hamlet
(sobressaltando-se)

Hein? O quê? ... Desculpe... O que está acontecendo?... O que há?...
O que é isso?...

O professor
(aborrecido)

O senhor não pode responder "presente" como todo mundo? Não é possível, o senhor está de novo no mundo da lua.

O aluno Hamlet

Estar ou não estar no mundo da lua!

O professor

Basta. Não faça fita. E conjugue-me o verbo **être** como todo mundo, é tudo o que eu peço ao senhor.

O aluno Hamlet

To be...

O professor

Em francês, por favor, como todo mundo.

O aluno Hamlet

Tudo bem, senhor. (Ele conjuga:)

Je suis <u>ou</u> je ne suis pas
Tu es <u>ou</u> tu n'es pas
Il est <u>ou</u> il n'est pas
Nous sommes <u>ou</u> nous ne sommes pas...

O professor
(excessivamente aborrecido)

Mas é o senhor que não está entendendo, meu pobre amigo!

O aluno Hamlet

Exatamente, senhor professor,
Eu estou <u>onde</u> eu não estou
E, no fundo, hein, refletindo,
Estar <u>onde</u> não estar
É talvez também a questão

b) **sûr ou sur**

sûr é adjetivo e significa seguro, certo.
Ex.: **Je suir sûr que c'est vrai.** (Estou certo que é verdade.)
Bien sûr! (Certamente)

sur é preposição e quer dizer sobre.
Ex.: **Le livre est sur la table.** (O livro está sobre a mesa.)

c) **mûr e mur**

mûr é adjetivo e significa maduro.
Ex.: **un homme mûr** (um homem maduro)
un fruit mûr (um fruto maduro).

mur é substantivo masculino e quer dizer tanto parede como muro.
Ex.: **un mur de terre.** (um muro de terra.)
Le tableau sur le mur. (O quadro na parede.)

d) **du e dû**

du é a contração da preposição **de** com o artigo definido o. Significa então: do
Ex.: **la table du professeur** (a mesa do professor.)
le café du Brésil (o café do Brasil)

du também é artigo partitivo masculino singular e significa uma parte de, um pouco de.
Ex.: **Je bois du vin.** (Bebo vinho)

dû é o particípio passado do verbo **devoir** (dever) e quer dizer devido.
Ex.: **J'ai dû voyager.** (Tive de viajar.)

e) **là e la**

là é advérbio de lugar e significa lá, aí, ali, nesse lugar.
Ex.: **Marie est là?** (Maria está aí?)
N'allez pas là. (Não vá lá.)

la é o artigo definido feminino singular e, então, quer dizer a.
Ex.: **la femme** (a mulher)
la liberté (a liberdade)

Observação: Devemos prestar atenção no gênero de certas palavras que em francês não é o mesmo que em português.

Assim: **la robe** você traduz como o vestido, visto que esta palavra é masculina no nosso idioma.

Outros exemplos: **la voiture** (o carro)
la ceinture (o cinto)
la chambre (o quarto)

E também: **le pantalon** você traduz como a calça, visto que esta palavra é feminina no nosso idioma.

Outros exemplos: **le pétale** (a pétala)
le camélia (a camélia)
le papillon (a borboleta)

f) **à e a**

à é a preposição que corresponde em português a a, até, em, para, de.

Ex.: **Il habite à Paris.** (Ele mora em Paris.)
Ce livre est à Jean. (Este livro é de João.)
Il demande à sortir. (Ele pede para sair.)
C'est une tasse à thé. (É uma xícara de chá.)
C'est un moteur à essence. (É um motor a gasolina.)

a é a 3ª pessoa do singular do verbo **avoir** (ter), donde significa tem.

Ex.: **Pierre a beaucoup d'amis.** (Pedro tem muitos amigos.)
Christine a une belle poupée. (Cristina tem uma bela boneca.)

g) **Tache e tâche**

la tache é substantivo feminino e significa **mancha, nódoa**.
Ex.: **Ce chien a des taches noires.** (Este cachorro tem manchas negras).

la tâche é também substantivo feminino mas quer dizer tarefa, empreitada, obrigação.
Ex.: **Quelle est la tâche de l'éducateur?** (Qual é a obrigação do educador?)

h) **Pêcher e pécher**

Pêcher é verbo e significa **pescar**.
Ex.: **M. Durand a pêché deux truites.** (Sr. Durand pescou duas trutas.)

Pécher também é verbo e significa **pecar**.
Ex.: **Elle a péché par ignorance.** (Ela pecou por ignorância.)

Portanto, não devemos confundir:
le pêcheur (feminino: **la pêcheure**) que é pescador (pescadora).

le pécheur (feminino: **la pécheresse**) que é pecador (pecadora).

Ex.: **Des pêcheurs à la ligne sont assis au bord de l'eau.**
(Pescadores de caniço estão sentados à beira da água.)
Les pécheurs doivent se repentir.
(Os pecadores devem se arrepender.)

A propósito:
la pêche – o pêssego
le pêcher – o pessegueiro
la pêche – a pesca
le péché – o pecado

4. Emmener, amener, emporter, apporter

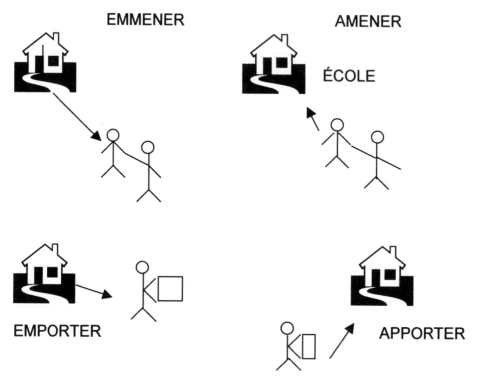

Emmener significa então, conforme ilustração, conduzir, levar, acompanhar uma pessoa.

Amener quer dizer trazer uma pessoa.

Emporter é levar um objeto e **apporter** é trazer.

Exemplos:

1. **À 8 heures du matin, elle sort de chez elle avec son fils qu'elle emmène à l'école.**
(Às 8 horas da manhã, ela sai de casa com o filho que ela leva à escola.)

2. **Avec les embouteillages, elle ne peut amener son fils à l'école que vers 9 heures.**
   (Com os engarrafamentos, ela só pode trazer o filho à escola às 9 horas.)

3. **Le livreur de repas a quitté le restaurant à 13 heures en emportant mon déjeuner.**
   (O entregador de refeições deixou o restaurante às 13 horas levando meu almoço.)

4. **Je ne sais pas ce qu'il a fait en route, mais il ne m'a apporté mon repas qu' à 14 heures.**
   (Não sei o que ele fez no caminho, mas ele só me trouxe a refeição às 14 horas.)

5. **An** ou **année**

An é o período de 12 meses, sem considerar se seu início se situa ou não no dia 1º de janeiro. E é empregado com numerais cardinais.

Ex.: **Il y a 20 ans que je suis au Brésil.** (Há 20 anos que estou no Brasil.)

Usamos também para indicar a idade:
Il a 20 ans. (Ele tem 20 anos.)

Na expressão "**par an**" ou "**l'an**", quer dizer <u>anualmente</u>.

Ex.: **L'inflation dépasse 12% par an.**
(A inflação ultrapassa os 12% por ano/anualmente.)
Le taux d'intérêt de la caisse d'épargne est de 4% l'an.
(A taxa de juros da poupança é de 4% ao ano/anualmente.)

Nas expressões:
"**Le jour de l'an**"   (dia 1º de janeiro)
"**Le nouvel an**"   (ano novo)
"**Le premier de l'an**"   (dia 1º do ano)

Para certas datas particulares:

"**L'an 1000** (e, frequentemente, as datas do 1º milênio = <u>l'an 732</u>)
"**L'an 2000.**
"**L'an premier de la République Française** (1792).
(o 1º ano da República Francesa.)

Ou podemos empregar com uma preposição:
En l'an 1955 de notre ère. (No ano 1955 da nossa era.)
On se reverra dans 2 ans. (Nós nos reveremos dentro de 2 anos.)
Trois ans après, elle était parfaitement rétablie.
(Três anos depois, ela estava perfeitamente restabelecida.)

Année é o período indo de 1º de janeiro a 31 de dezembro.

Ex.: **L'année 1989 a été très bonne.** (O ano de 1989 foi muito bom.)
Certaines années sont meilleures que d'autres.
(Alguns anos são melhores que outros.)

Année insiste na ideia de duração e é empregado com adjetivos e também com numerais ordinais.

Ex.: **Je suis là toute l'année.** (Estou aí o ano todo.)
C'est la septième année que je vais en Italie à Noël.
(É o sétimo ano que vou à Itália no Natal.)

6. Il (ou elle) est... C'est...

Il (ou elle) est...

É sempre seguido de um adjetivo qualificativo ou de um substantivo tendo valor de predicativo do sujeito, às vezes precedido de um advérbio.

Ex.: **Il est grand, il est avocat, il est fréquemment absent.**
(Ele é alto, ele é advogado, ele está frequentemente ausente.)

Atenção: **il (elle) est** nunca é seguido de um artigo nem de pronomes adjetivos possessivos ou demonstrativos.

Empregamos, então, c'est.
C'est Marie Dubois. (É Maria Dubois.)
C'est un grand homme. (É um grande homem.)
C'est le professeur de mes enfants. (É o professor de meus filhos.)
C'est ma fille. (É minha filha.)
C'est le mien. (É o meu.)
C'est celui que je préfère. (É o que eu prefiro).

C'est é neutro: o sujeito do verbo **être** (c') é a abreviação de "**cela**" ou "**ceci**" (isto). Daí, o adjetivo que segue é então sempre masculino singular.

Vejamos como exemplo esta frase de De Gaulle:
"**C'est beau, c'est grand, c'est généreux, la France.**"
(A França é bela, grande e generosa.)

Mas podemos dizer em francês como em português:
La France est belle, grande et généreuse.

Diga: **C'est un médecin.** (Ele é um médico.)
C'est ma fille. (É minha filha.)

Não diga: **Il est u̶n̶..**

Elle est m̶a̶ ...

Atenção: Quando você quiser fazer um comentário deve empregar:

C'est + adjetivo masculino singular.

Assim: **C'est bon, la vie.** (A vida é boa.)
Rio de Janeiro, c'est beau. (Rio de Janeiro é lindo.)
La musique, c'est reposant. (A música é repousante.)
Les embouteillages, c'est ennuyeux. (Os engarrafamentos são chatos.)

7. **Mon chéri, ma chérie** (meu querido, minha querida)

É uma dúvida que sempre ocorre, principalmente porque somos um povo extremamente afetuoso.

Só que são expressões de carinho que o povo francês usa só de mãe para filho ou entre marido e mulher. Quer dizer, há que se ter muita intimidade, não é mesmo? Mas você pode dizer:

Mon cher ami (meu caro amigo) ou **cher ami** (caro amigo.)

Ma chère amie (minha cara amiga) ou **chère amie** (cara amiga.)

Mon cher Jacques.
Ma chère Marie.

Atenção: Você não deve dizer

Mon chéri f̶i̶l̶s̶

Ma chérie f̶e̶m̶m̶e̶

Porque não se usa nunca esta expressão diante de substantivo.

8. Os adjetivos possessivos: **son – sa – ses**

Entre todos os adjetivos possessivos, a dúvida que persiste é sobre o emprego daqueles da 3ª pessoa do singular.
Assim:

a) **Voilà Marie et son mari.**
   Significa: Aí está Maria e o marido dela.

b) **Voilà Jacques et sa fille.**
   Significa: Aí está Jacques (Tiago) e a filha dele.

c) **J'ai connu Tom Jobim et ses chansons.**
   Significa: Conheci Tom Jobim e as canções dele.

d) **J'apprécie beaucoup Adélia Prado et ses poésies.**
   Significa: Aprecio muito Adélia Prado e as poesias dela.

> Resumindo:
> son
> sa   significam dele ou dela dependendo da frase.
> ses

Portanto não significam seu, sua, seus ou suas que em português se referem à 2ª pessoa do singular.

Assim, se você quiser dizer:

a) É seu livro, Pedro?
   Você terá de dizer:
   C'est ton livre, Pierre?

b) Gostei da sua carta.
   J'ai aimé ta lettre.

c) Você perdeu suas chaves?
   Tu as perdu tes clés?

PRINCIPAIS DIFICULDADES ENCONTRADAS PELOS ALUNOS BRASILEIROS **45**

9. Os artigos definidos e as preposições **à** e **de**

Os artigos definidos **le** e **les** contraem-se com as preposições à e de

	PALAVRAS QUE COMEÇAM POR UMA CONSOANTE		PALAVRAS QUE COMEÇAM POR VOGAL OU H MUDO	
	MASCULINAS	FEMININAS	MASCULINAS	FEMININAS
SINGULAR	LE	LA	L'	L'
À –	À ~~LE~~ AU	À LA	À L'	À L'
De	D~~E LE~~ DU	DE LA	DE L'	DE L'
PLURAL	LES	LES	LES	LES
À –	À ~~LES~~ AUX	AUX	AUX	AUX
De	D~~E LES~~ DES	DES	DES	DES

Exemplos:

À + artigos definidos

1. **Jacques voit le concierge; il dit bonjour au concierge.**
   (Jacques vê o porteiro; ele diz bom dia ao porteiro.)

2. **Il rencontre la journaliste; il dit bonjour à la journaliste.**
   (Ele encontra a jornalista; ele diz bom dia à jornalista.)

3. **Il connaît l'agent; il dit bonjour à l'agent.**
   (Ele conhece o policial; ele diz bom dia ao policial.)

4. **Il connaît l'hôtesse de l'air; il dit bonjour à l'hôtesse.**
   (Ele conhece a aeromoça; ele diz bom dia à aeromoça.)

5. **Il appelle les enfants; il dit bonjour aux enfants.**
   (Ele chama as crianças; ele diz bom dia às crianças.)

6. **Il appelle les élèves; il dit bonjour aux élèves.**
   (Ele chama os alunos; ele diz bom dia aos alunos.)

DE + artigos definidos

1. **Le concierge s'appelle Lenoir: Jacques connaît le nom du concierge.**
   (O porteiro se chama Lenoir: Jacques sabe o nome do porteiro.)

2. **La journaliste s'appelle Vivienne: Jacques connaît le nom de la journaliste.**
   (A jornalista se chama Vivienne: Jacques sabe o nome da jornalista.)

3. **L'agent s'appelle Dupont: Jacques connaît le nom de l' agent.**
   (O policial se chama Dupont: Jacques sabe o nome do policial.)

4. **L' hôtesse de l'air s'appelle Marie: Jacques connaît le nom de l' hôtesse.**
   (A aeromoça se chama Marie: Jacques sabe o nome da aeromoça.)

5. **Les enfants s'appellent Paul et Catherine: Jacques connaît les noms des enfants.**
   (As crianças se chamam Paul e Catherine: Jacques sabe os nomes das crianças.)

6. **Les élèves s'appellent Luc et Monique: Jacques connaît les noms des élèves.**
   (Os alunos se chamam Luc e Monique: Jacques sabe os nomes dos alunos.)

Totalmente proibidos: à ̶l̶e̶ → au

de ̶l̶e̶ → du

à ̶l̶e̶s̶ → aux

de ̶l̶e̶s̶ → des

10. **Espérer** ou **attendre?**

Estes dois verbos costumam ser confundidos. Originalmente, espérer significava mesmo esperar. E este sentido continua ainda em certas regiões francesas do sul e do oeste.

Exemplos:

Ne va pas si vite, espère-moi!
(Não vá tão rápido, espere-me!)

Il se fait espérer, ce facteur.
(Ele se faz esperar, este carteiro.)

Atualmente, o verbo espérer tem o sentido de: desejar, esperar como provável, ter esperança, confiar.

Exemplos: **J'espère venir.** (Espero vir.)

Nous espérons en Dieu. (Confiamos em Deus.)

J'espère que tu viendras à ma fête. (Espero que você venha à minha festa.)

Na frase afirmativa, como neste último exemplo, é sempre seguido de verbo no modo indicativo. Assim, pela lógica, usamos o tempo futuro, mas o presente e o passado são também possíveis.

J'espère que vous réussirez.
(Espero que vocês consigam/tenham sucesso.)

J'espérais que vous réussiriez.
(Esperava que vocês conseguissem/tivessem sucesso.)

J'espère qu'il a compris. (Espero que ele tenha compreendido.)

J'espère qu'il fait beau dans ta région. (Espero que faça bom tempo na tua região.)

Atenção à tradução: em português, usamos o modo subjuntivo na oração subordinada.

Em francês, o emprego do modo subjuntivo é proibido, apesar do sentido de vontade ou de sentimento do verbo espérer.

Este modo só vai ser utilizado em francês se a frase for negativa ou interrogativa.

Ex.: **Je n'espère plus qu'il vienne.**
(Não espero mais que ele venha.)

Espères-tu toujours qu'il guérisse?
(Você ainda espera que ele se cure?)

O verbo <u>attendre</u> traduz-se por <u>esperar</u>, <u>aguardar</u>.

Je t'attendrai jusqu'à sept heures.
(Eu te esperarei até as sete horas.)

Il attend l'autobus sous la pluie.
(Ele espera o ônibus sob a chuva.)

A oração subordinada virá no modo subjuntivo como em português:

J'attends que tu dises quelque chose.
(Espero que você diga algo.)

Il a attendu que je sois parti(e) pour parler.
(Ele esperou que eu tivesse partido para falar.)

Existe ainda a construção <u>s'attendre à</u> que tem o sentido de <u>contar com</u>, <u>prever</u>, <u>imaginar</u>, <u>pensar que algo vai acontecer</u>.

Exemplo: **Nous attendons à de la pluie pour demain.**
              (Nós prevemos chuva para amanhã.)

Je m'attendais à un meilleur résultat.
(Eu contava com um melhor resultado.)

Resumindo, então: podemos traduzir o verbo <u>esperar</u>, segundo o contexto, por:

attendre = aguardar
espérer = ter esperança
s'attendre à = prever

11. **Revenir** ou **Retourner**?

Revenir

1   Movimentos paralelos: **revenir** = vir de novo

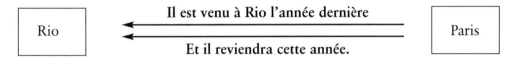

(Ele veio ao Rio no ano passado e ele virá de novo este ano.)

2   Movimentos contrários: **revenir** = voltar aqui

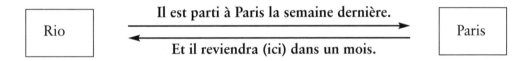

(Ele partiu para Paris na semana passada e ele voltará (aqui) dentro de um mês.)

Retourner

1   Movimentos paralelos: **retourner** = ir de novo

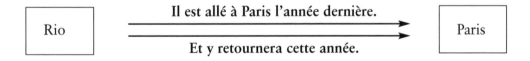

(Ele foi a Paris no ano passado. Ele vai de novo este ano.)

2   Movimentos contrários: **retourner** = voltar para lá

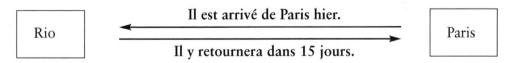

(Ele chegou de Paris ontem. Ele voltará para lá dentro de 15 dias.)

Observação: No caso dos movimentos contrários, tanto **revenir** quanto **retourner** têm, como sinônimo, o verbo **rentrer**.

12. **Rencontrer** ou **retrouver**?

Rencontrer quer dizer encontrar, deparar, topar com, achar, ir de encontro a.
É um encontro fortuito ou não.

Exemplo: **Ils se sont rencontrés chez des amis.**
(Eles se encontraram na casa de amigos.)

Nous rencontrons plusieurs fois le même mot chez cet auteur.
(Nós achamos várias vezes a mesma palavra neste autor.)

Je le rencontre tous les jours à la même heure.
(Eu o encontro todos os dias na mesma hora.)

Retrouver significa, além de achar o perdido, tornar a encontrar ou reencontrar.

Elle est toute heureuse d'avoir retrouvé son chat.
(Ela está muito feliz por ter encontrado o gato dela.)

Nous serons bien contents de vous retrouver aux vacances prochaines.
(Ficaremos bem contentes de encontrar vocês nas próximas férias.)

13. Até – como expressar esta preposição em francês?

Posso traduzi-la:

a) pela preposição **jusque**

   Jusqu'ici. (Até aqui.)
   Jusqu'à la mort (Até a morte.)
   La plaine s'étend jusqu' à la mer.
   (A planície se estende até o mar.)

   Jusqu' à quand? (Até quando?)
   Reste là jusqu' à ce que je revienne.
   (Fique aí até que eu volte.)

b) pelo advérbio **même**

   Tout le monde est coupable, même moi.
   (Todo mundo é culpado, até eu.)

   Dans le bateau, même lui était malade.
   (No barco, até ele estava doente.)

c) pela preposição **à**

   À demain! (Até amanhã!)
   À lundi! (Até segunda-feira!)
   À tout à l'heure! (Até já!)

d) pela preposição **avant** ou pela locução **au plus tard**
   Je dois remettre ces copies samedi au plus tard.
   (Devo entregar estas provas até sábado.)

14. Como traduzir o artigo partitivo?

A resposta para esta questão é bem simples: não o traduzimos. O artigo partitivo (**article partitif**) não existe no nosso idioma. Mas podemos dizer que expressa a ideia, como o próprio nome diz, de uma parte de um todo, de um pouco de uma quantidade indeterminada.

Para o singular usamos **du, de la, de l'** e para o plural, **des**.

Ex.: **J'achète du café, de la bière et de l' eau minérale.**
(Compro café, cerveja e água mineral.)

Il a du courage. (Ele tem coragem.)

Il faut de la patience. (É preciso paciência.)

Il mange des confitures. (Ele come geleias.)

Mas, atenção: os artigos partitivos são substituídos pela preposição **de** nestes seguintes casos:

a) Após um advérbio de quantidade (**trop, peu, beaucoup, etc.**)

Ex.: **J'ai peu de temps.** (Tenho pouco tempo.)

Elle a beaucoup de livres. (Ela tem muitos livros.)

Exceção: **bien des gens** (muitas pessoas, muita gente)
Bien des gens pensent... (Muitas pessoas ou muita gente pensa...)

b) Depois de um verbo na forma negativa

Ex.: **Il ne boit pas de lait.** (Ele não bebe leite.)

c) Antes de um substantivo no plural acompanhado de um adjetivo.

Ex.: **Il nous a servi de beaux fruits.**
(Ele nos serviu belas frutas.)

Observação importante:

Assim como o artigo partitivo, o artigo indefinido também deve ser substituído pela preposição **de** nos casos acima vistos.

Ex.: **Elle a un frère.** (Ela tem um irmão.)

Elle n'a pas de frère. (Ela não tem irmão.)

Il y a une gomme. (Há uma borracha.)

Il n'y a pas de gomme. (Não há borracha.)

Ils ont des oiseaux. (Eles têm pássaros.)

Ils n'ont pas d'oiseaux. (Eles não têm pássaros.)

Entretanto, em certas construções, mesmo estando o verbo na negativa, devemos manter o artigo indefinido ou o partitivo.

Senão vejamos:

a) Com verbos de ligação

   Ex.: **Ce sont des stylos, ce ne sont pas des crayons.**
   (São canetas, não são lápis.)

b) Quando houver a ideia de oposição.

   Ex.: **Il n'a pas une Renault, il a une Citroën.**
   (Ele não tem um Renault, ele tem um Citroën.)

   Je n'ai pas bu du lait, mais de l' eau.
   (Eu não bebi leite, mas água.)

   Je ne veux pas des pièces, mais des billets.
   (Não quero moedas, mas notas.)

c) Quando o sentido da frase for afirmativo.

   Ex.: **Je n'ai pas de l'argent pour gaspiller...**
   (Eu não tenho dinheiro para desperdiçar...)

15. Como fazer perguntas em francês?

Há três maneiras.

a) Usando a ordem normal das frases afirmativas e expressando a pergunta por meio da entonação.

   Ex.: **Ils ont faim?** (Eles têm fome?)

b) Empregando o pronome sujeito depois do verbo, ligado por um hífen:

   Ex.: **Ont-ils faim?** (Eles têm fome?)

   Obs.: Quando a terceira pessoa do singular do verbo termina em vogal, inscreve-se um - t - entre o verbo e o pronome (**il, elle, on**).

   Ex.: **Va-t-il au cinéma?** (Ele vai ao cinema?)
   Parle-t-elle français? (Ela fala francês?)

c) Acrescentando-se a expressão **est-ce que** antes da frase afirmativa.

Ex.: **Est-ce que Marie vient?** (Maria vem?)

d) Quando o sujeito da oração interrogativa for um substantivo, ele fica antes do verbo e depois dele coloca-se o pronome pessoal correspondente.

Ex.: **Joseph est-il brésilien?** (José é brasileiro?)

Catherine lit-elle beaucoup? (Catarina lê muito?)

Emprego dos tempos

INDICATIVO	INDICATIF
Presente	**Présent**
Vejo o mar. = Estou vendo o mar.	Je vois la mer.
	Présent continu
Estou lendo um bom livro.	Je suis en train de lire un bon livre.
	Présent = Futur
Parto para França dentro de um mês.	Je pars en France dans un mois.
Pretérito perfeito composto	*Ação começada no passado e não terminada*
Tenho almoçado aqui há meses.	Il y a des mois que je déjeune ici.
Passado "recente"	**Passe récent**
Pedro acabou de chegar.	Pierre vient d'arriver.
Pretérito perfeito	**Passe composé**
Paulo chegou ontem.	Paul est arrivé hier.
Meus pais compraram uma casa.	Mes parents ont acheté une maison.
Quebrei meu braço direito.	Je me suis cassé le bras droit.
Ele olhou pela janela.	*Passé simple* (littéraire):
	Il regarda par la fenêtre.
Pretérito imperfeito	**Imparfait**
Quando era criança eu chupava meu polegar.	Quand j'étais enfant je suçais mon pouce.
Pretérito mais-que-perfeito composto	**Plus-que-Parfait**
Eu tinha saído quando você ligou.	J'étais sorti quand tu as téléphoné.

Emprego dos tempos

INDICATIVO	INDICATIF
Futuro "imediato"	**Futur proche**
Vamos almoçar daqui a cinco minutos.	Nous allons déjeuner dans cinq minutes
Futuro do presente	**Futur simple**
Escreverei para minha irmã amanhã.	J'écrirai à ma soeur demain.
Futuro do presente composto	**Futur antérieur**
Terei acabado este trabalho até domingo.	J'aurai fini ce travail au plus tard dimanche.
Futuro do pretérito	**Conditionnel présent**
Ele gostaria de te conhecer.	Il aimerait te connaître.
Futuro do pretérito composto	**Conditionnel passé**
Eu teria gostado de ver este filme.	J'aurais aimé voir ce film.

SUBJUNTIVO	SUBJONCTIF
Presente	**Présent**
É preciso que você venha sábado.	Il faut que tu viennes samedi.
Pretérito perfeito composto	**Passé**
Duvido que ele tenha gostado disso.	Je doute qu'il ait aimé ça.
Pretérito imperfeito	*Imparfait (literário) utilizamos*
Eu não pensava que ele fosse tão inteligente....	**Le présent du subjonctif**
	Je ne pensais pas qu'il soit aussi inteligent.
Se eu pudesse, compraria esta casa....	**L'imparfait de l'indicatif**
	Si je pouvais j'achèterais cette maison.
Pretérito mais-que-perfeito composto	*Não existe. Utilizamos:*
Se você tivesse vindo teria encontrado a Maria.	**plus-que-parfait de l'indicatif**
	Si tu étais venu tu aurais rencontré Marie.
Futuro	*Não existe. Utilizamos:*
Se você quiser....	**Le présent de l'indicatif**
	Si tu veux.
Quando você vier ao Rio, me liga....	**Le futur simple**
	Quand tu viendras à Rio, téléphone-moi.

Emprego dos tempos

GERÚNDIO	**GÉRONDIF**
Ela chegou chorando.	Elle est arrivée en pleurant.
INFINITIVO (preposicionado)	
Ao ver a casa ele ficou feliz.	En voyant la maison il a été heureux.
Presente impessoal	**INFINITIF (sempre impessoal)**
É importante falar vários idiomas.	Il est important de parler plusieurs langues.
Presente pessoal	**Personalização pelo subjuntivo**
Comprei 3 ingressos para ...	J'ai acheté 3 billets pour...
... irmos ao teatro.	...que nous allions au théâtre
...vocês irem ao teatro.	... que vous alliez au théâtre.
Composto	
Não me lembro de lhe ter dito para vir.	**Infinitif passé**
	Je ne me souviens pas de lui avoir dit de venir.
Depois de ler sua carta fiquei aliviado.	Après avoir lu ta lettre j'ai été soulagé.
(Inf. presente em português)	

16. **Il y a / Il y a ... que/Depuis**

Para traduzir o nosso verbo impessoal haver, usamos o verbo **avoir**, conjugado somente na terceira pessoa do singular de todos os tempos e precedido do advérbio y, tendo **il** como sujeito. Assim:

Il y a é a forma (impessoal) do presente do indicativo do verbo **y avoir**. Significa, então: há, existe, tem, faz.

Ex.: Il y a du courrier pour moi?
(Há correspondência para mim?)

Il y a indica um ponto no passado e se constrói com um verbo no passado.

Il a quitté Paris il y a trois ans.
(Ele deixou Paris há (faz) três anos.)

Je suis arrivé(e) il y a dix minutes.
(Cheguei há (faz) dez minutos.)

Il y a ... que (cela fait ... que) usa-se no início da frase e vem também seguido de duração expressa em anos, dias, horas, meses etc.

Ex.: **Il y a deux heures que j'attends.**
(Faz duas horas que espero.)

Depuis é preposição e significa não só há, faz mas também desde, desde então e indica uma duração, da origem até o momento presente. Mostra uma situação que se prolonga a partir de um dado momento no passado. **Depuis** insiste na continuidade da ação.

Ex.: **J'habite à Paris depuis six mois.**
(Moro em Paris há seis meses.)

Depuis toujours. (Desde sempre.)

Depuis quand? (Desde quando?)

Je ne l'ai pas vue depuis. (Eu não a vi desde então.)

   Atenção: Quando **depuis** é empregado em relação ao momento em que se está falando, é construído com um verbo no presente se a forma é afirmativa

Ex.: **Il t' attend depuis longtemps.**
(Ele te espera há muito tempo.)

ou com um verbo no passado se a forma é negativa.

Ex.: **Je n'ai rien mangé depuis deux jours.**
(Eu não comi nada faz dois dias.)

Depuis que estabelece uma relação entre dois fatos.

Ex.: **Depuis qu' elle connaît cet acteur, elle ne fait plus attention à moi.**
(Desde que ela conhece este ator, ela não presta mais atenção em mim.)

   Observação: Não confundir **depuis** com a preposição **dès**.

Dès significa também <u>desde</u> mas com o sentido de <u>imediatamente, a partir de um dado momento.</u>

Ex.: **"Cueillez dès aujourd'hui les roses de la vie." Ronsard**
   ("Colha desde hoje, a partir de hoje, as rosas da vida.")

Dès maintenant. (Desde agora.)
             (A partir de agora.)

Dès que vous arriverez, je pourrai partir.
(Logo que/a partir do momento em que você chegar, eu poderei partir.)

17. **En** e **y**

En e y podem ser advérbios de lugar ou pronomes pessoais, não têm equivalente literal em português e vão substituir uma palavra ou uma expressão que se acha geralmente regida pelas preposições **de** ou **à** usadas antes do verbo salvo se este estiver no imperativo.

En é considerado advérbio de lugar indicando <u>de onde viemos</u>, <u>de onde saímos</u>, <u>de onde chegamos</u>, <u>de onde partimos</u>. Significa então: <u>de lá, daí.</u>

Ex.: **Tu viens de Paris? – Oui, j'en viens.**
(Você vem de Paris? – Sim, venho (de lá).)

À quelle heure sors-tu du bureau? – J'en sors à 18 heures.
(A que horas você sai do escritório? – Saio (de lá) às 18 horas.)

Il y a beaucoup d'avions qui arrivent de France?
Oui, il en arrive tous les jours.

(Há muitos aviões que chegam da França?
– Sim, chegam (de lá) todos os dias.)

Avez-vous été chez lui? – Oui, j'en reviens.
(Você esteve na casa dele? – Sim, volto (de lá).)

Observe que, na tradução, (de lá) vem entre parênteses uma vez que não costumamos traduzir. Foi colocado apenas no intuito de tornar clara a explicação.

Y é considerado advérbio de lugar quando indica o lugar onde se está ou o lugar aonde se vai. O termo a ser substituído vem precedido pelas preposições **à, en, dans, sur** etc. Significa então: aqui, lá, aí.

Ex.: **Tu vas à Paris? – Oui, j' y vais.**
(Você vai a Paris? – Sim, vou (lá).)

Pierre est monté dans sa chambre. Il doit y être encore.
(Pedro subiu para o quarto. Ele deve estar lá ainda.)

Tu restes au Brésil? – Oui, j'y reste.
(Você fica no Brasil? – Sim, fico (aqui).)

Il habite en France? – Oui, il y habite.
(Ele mora na França? – Sim, ele mora (lá).)

J'y suis, j'y reste.
(Estou aqui, fico aqui.)

Tu as déjeuné chez Marie dimanche? – Oui, j'y ai déjeuné.
(Você almoçou na casa da Maria domingo? – Sim, almocei (lá).)

En é pronome pessoal da 2ª pessoa do singular quando substitui uma construção precedida da preposição de ou verbos cuja regência pede a mesma preposição.

Traduzimos então por disso, daquilo, dele(s), dela(s).

Ex.: **Il joue du piano? – Oui, il en joue, mais mal.**
(Ele toca piano? – Sim, ele toca (disso) mas mal.)

Ces papiers ne servent plus à rien; il faut nous en débarasser.
(Estes papéis não servem mais para nada; é preciso nos livrarmos (deles).)

Il y a des fruits: prends-en quelques-uns.
(Há frutas: pegue algumas (delas).)

La cérémonie le préoccupe: il en parle sans arrêt.
(A cerimônia o preocupa: ele fala dela sem parar.)

Y também é pronome pessoal da 3ª pessoa do singular quando substitui uma construção precedida da preposição **à** ou verbos cuja regência pede a mesma preposição.

Traduzimos então por: a isso, nisso, nele(s), nela(s).

Ex.: **Tu penses à ton travail? – Oui, j'y pense.**
(Você pensa no seu trabalho? – Sim, penso (nisso).)

Il croit à sa victoire aux élections? – Non, il n'y croit pas beaucoup.
(Ele acredita na vitória dele nas eleições? – Não, ele não acredita muito (nisso).)

Je deviens vieux, je m'y habitue.
(Estou ficando velho e me habituo a isso.)

Ce cheval paraît tranquille, ne vous y fiez pas.)
(Este cavalo parece manso, não se fie nele.)

Atenção: Se a construção a ser substituída for uma pessoa, não posso empregar o pronome **(y)**.

Assim:

Je pense à ce voyage. J'y pense.
(Penso nesta viagem. Penso nisso.)

Je pense à mon père. Je pense à lui.
(Penso no meu pai. Penso nele.)

O mesmo vai ocorrer, quase sempre, com o pronome **en**.

Je me souviens de ce professeur.
Je me souviens de lui.
(Eu me lembro deste professor. Eu me lembro dele.)

Mas: **Tu as des enfants?**
     – J'en ai deux.
       (Você tem filhos? – Tenho dois.)

O pronome **en** também substitui expressões que falam de quantidades indeterminadas, precedidas por um artigo partitivo:

– Tu veux du café?
– Oui, j'en veux.
(Você quer café? – Sim, quero (disso).)

Il y a de la bière? – Non, il n'y en a pas.
(Há cerveja? – Não, não há (disso).)

– Tu mets de l'eau dans ton vin? – Non, je n'en mets jamais.
(Você põe água no seu vinho? – Não, eu não ponho nunca (disso).)

– Les Français font du sport? – Oui, mais ils en font moins que les Brésiliens.)
(Os franceses fazem esporte? – Sim, mas eles fazem menos (disso) que os brasileiros.)

Atenção: Quando a expressão que você for substituir vier precedida de um artigo indefinido, de uma quantidade ou de um advérbio de quantidade, você pode acrescentá-la na resposta, no final da frase.

Assim:
Tu as un ordinateur? – Oui j'en ai un.
(Você tem um computador? – Sim, tenho um (deles).)

Tu lis beaucoup de journaux? – Oui, j'en lis beaucoup.
(Você lê muitos jornais? – Sim, leio muito (deles).)

Il y a trente étudiants? – Non, il y en a quarante.
(Há 30 estudantes? – Não, há 40 (deles).)

Des bandes dessinées? Je n'en ai aucune.
(Histórias em quadrinhos? Não tenho nenhuma (delas).)

Observação importante: O pronome **en** emprega-se também como expletivo antes de certos verbos, cuja significação altera.

aller (ir)
s'en aller (ir embora)

Ex.: **Au revoir: je m'en vais.**
(Até logo: vou embora.)

vouloir (querer)
en vouloir à (querer mal, estar zangado com.)

Ex.: **Je ne lui pardonne pas: je lui en veux.**
(Não lhe perdoo: eu estou zangado com ele/ela.)

avoir (ter)
en avoir assez (estar farto, cansado)
en avoir marre (estar "cheio") – registro mais familiar.

Je ne supporte plus cette situation: j'en ai assez.
(Não suporto mais esta situação: estou farto(a).)

J'en ai marre d'attendre.
(Estou cheio de esperar.)

pouvoir (poder)

n'en pouvoir plus (não poder mais, não aguentar mais.)

J'ai longtemps résisté, mais maintenant je n'en peux plus.
(Resisti muito tempo, mas agora não aguento mais.)

faire (fazer)

s'en faire (preocupar-se, atormentar-se)

Ne vous en faites pas, tout cela n'est pas grave.
(Não se preocupe, tudo isso não é grave.)

venir (vir)
en venir à (chegar ao ponto de.)

Dans ses accès de colère, il en vient à insulter ses meilleurs amis.
(Nos acessos de cólera, ele chega ao ponto de insultar os melhores amigos dele.)

prendre (tomar, pegar, comer)
s'en prendre à quelqu'un (pôr a culpa em alguém.)

Tu n'as voulu écouter aucun conseil: si tu te trompes, tu ne pourras t'en prendre qu'à toi-même.
(Você não quis escutar nenhum conselho: se você se enganar, só poderá pôr a culpa em você mesmo(a).)

revenir (voltar para cá)

n'en pas revenir (estar pasmo, ficar muito surpreso.)

"Comme un peintre qui voit sous ses doigts naître les couleurs du jour et qui n'en revient pas."
(Como um pintor que vê sob seus dedos nascer as cores do dia e que fica surpreso.)
(Música "Et si tu n'existais pas".)

Vejam também as seguintes frases:

a) **Il en est de même que...**
   (Dá-se o mesmo com...)

b) **Il en est autrement.**
   (É de outro modo, o caso é diferente.)

c) **Où en sommes-nous?**
   (Onde estamos?)

d) **Il ne sait plus où il en est.**
   (Ele não sabe mais a quantas anda.)

e) **Je m'en fiche.**
   (Não estou nem aí.)

f) **Je m'en doute.**
   (Eu suspeito, pressinto.)

E agora algumas expressões com o pronome y:

a) **Il s'y connaît, il s'y entend.**
   (Ele é *expert* na questão.)

b) **Il s'y fera.**
   (Ele se adaptará à situação.)

c) **J'y suis!**
   (Compreendo!)

d) **Vous n'y êtes pas!**
   (Vocês não acertaram, estão por fora!)

e) **Ça y est!**
   (Pronto!)

f) **Je n'y suis pour rien.**
   (Não tenho nada a ver com isso.)

g) **Tant que vous y êtes.**
   (Já que está com a mão na massa.)

h) **Je n'y manquerai pas.**
   (Não deixarei de fazê-lo.)

18. **Moi aussi/moi non/moi non plus/moi si**.

São respostas curtas, fáceis, mas que ainda apresentam dúvidas. Aliás, apresentavam. A partir deste quadro, não serão mais confundidas.

a) **Je danse. Et toi?**   (Eu danço. E você?)
   (+) Moi aussi.   (+) Eu também.
   (-) Moi non.   (-) Eu não.

b) **Je ne connais pas l'Islande. Et toi?**   (Eu não conheço a Islândia. E você?)
   (+) Moi si.   (+) Eu sim.
   (-) Moi non plus.   (-) Eu também não.

Alguns esclarecimentos:

Para responder sim em francês, temos duas formas: **oui** e **si**.

Oui – serve para afirmar, para aceitar.
Ex.: **Tu viens? – Oui.**
   (Você vem? – Sim.)

Si – também serve para afirmar mas somente se a pergunta estiver na forma negativa.

Significa: mas sim

Ex.: **Personne ne vient? – Si!**
(Ninguém vem? – Mas sim!)

Tu ne travailles pas? – Si!
(Você não trabalha? – Mas sim!)

Mais alguns exemplos:

1. **Je me lève tôt, et lui?**   (Eu me levanto cedo, e ele?)
    (+) **Lui aussi.**   (+) Ele também.
    (-) **Lui non.**   (-) Ele não.

2. **Je ne bois pas de vin rouge, et lui?**   (Eu não bebo vinho tinto, e ele?)
    (+) **Lui si.**   (+) Ele sim.
    (-) **Lui non plus.**   (-) Ele também não.

19. O pronome **il**.

Il é pronome pessoal masculino da 3ª pessoa do singular e traduz-se por ele. É empregado geralmente como pronome sujeito, representando um nome de coisa ou de pessoa citado antes.

Ex.: J'ai lu ce livre, il est bien écrit.
(Eu li este livro, ele é bem escrito.)

Tu connais mon père, il s'appelle Mário.
(Você conhece meu pai, ele se chama Mário.)

Mas, em certas construções, **il** é considerado pronome neutro. Isto é, ele introduz um verbo impessoal. Quer dizer, ele não representa nem uma pessoa nem uma coisa. Por isso, não o traduzimos.

a) Com verbos impessoais.

   Il pleut.   Chove.
   (verbo **pleuvoir** = chover)

   Il neige.   Neva.
   (verbo **neiger** = nevar)

   Il fait froid.   Faz frio.

   Il y a du brouillard.   Há neblina.

b) **Il tombe de la neige.**   Cai a neve.
    Il est trois heures.   São 3 horas.
    Il est minuit.   É meia-noite.
    Il viendra des jours meilleurs.   Dias melhores virão.

Il faut étudier.   É preciso estudar.
Il vaut mieux partir demain.   É preferível partir amanhã.

c) Il est interdit d'écrire sur les murs.   É proibido escrever nas paredes.
Il est vrai, nous devons écrire mieux.   É verdade, nós devemos escrever melhor.
Il est nécessaire de lire ce livre.   É necessário ler este livro.
Fermez la porte, s'il vous plaît.   Feche a porta, por favor.

Observação: Nestes quatro últimos exemplos, **il** anuncia o sujeito real de um verbo do qual ele é o sujeito aparente. Podemos até dizer que aqui ele significa isto.

Para enriquecer mais ainda o seu vocabulário, há inúmeros provérbios em francês com **il**. Aqui vão alguns:

- **Il n'y a que la foi qui sauve.**
  (Apenas a fé salva.)

- **Il vaut mieux faire envie que pitié.**
  (É preferível causar inveja que piedade.)

- **Il n'y a pas de fumée sans feu.**
  (Não há fumaça sem fogo.)

- **Il faut rendre à César ce qui est à César.**
  (É preciso dar a César o que é de César.)

- **Il faut laver son linge sale en famille.**
  (É preciso lavar roupa suja em família; ou: roupa suja se lava em casa.)

- **Il ne faut pas dire: "Fontaine, je ne boirai pas de ton eau."**
  (Não se deve dizer: "Fonte, não beberei da tua água.")

- **Il n'est pire aveugle que celui qui ne veut pas voir.**
  (Não há pior cego do que aquele que não quer ver.)

- **Il n'est pire sourd que celui qui ne veut pas entendre.**
  (Não há pior surdo do que aquele que não quer ouvir.)

- **Il n'y a pas de sot métier.**
  (Não há profissão tola.)

- **Il n'y a que le premier pas qui coûte.**
  (Apenas o primeiro passo é o mais difícil.)

20. A preposição **chez**

Etimologicamente, esta preposição vem do latim casa que significava cabana do pastor e depois, já no século XII, alterou no francês antigo para chiese.

Chez pode ser traduzida por em casa de, no país de, no local de trabalho de, em, entre.

Ex.: **Viens chez moi lundi.** (Venha em minha casa segunda-feira.)

Elle va chez le coiffeur tous les samedis.
(Ela vai ao cabeleireiro todos os sábados.)

Les enfants aiment aller chez le boulanger.
(As crianças gostam de ir na padaria.)

Ils travaillent chez Renault.
(Eles trabalham na Renault.)

Chez les Esquimaux, la pêche est une activité vitale.
(Entre os esquimós, a pesca é uma atividade vital.)

Il y a chez lui une grande bonté.
(Há nele (no caráter) uma grande bondade.)

Chez Émile Zola, les personnages sont innombrables.
(Em Émile Zola, os personagens são inúmeros.)

Vamos aproveitar para fixar estas expressões

Chez moi	–	na minha casa
Chez toi	–	na tua casa
Chez lui	–	na casa dele
Chez elle	–	na casa dela
Chez nous	–	na nossa casa
Chez vous	–	na casa de vocês, do senhor ou da senhora
Chez eux	–	na casa deles
Chez elles	–	na casa delas

Observação quanto à pronúncia: a ligação de **chez** com a palavra seguinte se faz normalmente se esta começar por vogal ou h mudo.

Ex.: **chez elle**   **chez un voisin**

Porém, a ligação não existe antes de um substantivo próprio.

Ex.: Chez/Ângela   Chez/Yves   Chez/Hélène

21. **Par** ou **Pour**?

Par é preposição e significa quase sempre **por**.

1. **Par** introduz o agente da passiva.

    Le voleur a été arrêté par la police.
    (O ladrão foi preso pela polícia.)

2. E indica também:

a) o lugar

   La balle est passée par la fenêtre.
   (A bola passou pela janela.)

b) o meio

   Je l'ai su par le journal.
   (Soube pelo jornal.)

c) a maneira

   Je divise 15 par 5.
   (Divido 15 por 5.)

d) a causa

   Il a échoué par paresse.
   (Ele fracassou por preguiça.)

e) a distribuição

   Je viens ici deux fois par semaine.
   (Venho aqui duas vezes por semana.)

Algumas locuções importantes

par chance, par bonheur – por felicidade
par coeur – de cor
par monts et par vaux – por montes e vales
par-dessus – acima de, por cima de
par-dessous – por baixo
par-devant – perante
par là – por ali
par conséquent – por consequência
par-ci, par-là – um pouco por toda parte
par exemple – por exemplo
par ailleurs – de outro lado, num outro ponto de vista
par la suite – mais tarde
par suite de – por causa de, em consequência de
par contre – pelo contrário
par le fait (de fait, en fait) – de fato, na realidade
par tête de pipe – por pessoa
par terre – no chão
par-dessus le marché – além disso
par-dessous la jambe – com desprezo; sem cerimônia
par rapport à – relativamente a, em vista de
par ouï-dire – por ouvir dizer

Pour é preposição e quer dizer para, na maioria das vezes, mas também por.

Exprime:

1 o lugar (em direção a)

   Elle est partie pour la France.
   (Ela partiu para a França.)

2. o tempo (para a data de)

   Pour toujours. (Para sempre.)
   Pour longtemps. (Para muito tempo.)

   Il faut faire cela pour demain.
   (É preciso fazer isto para amanhã.)

   Elle est partie pour 3 semaines.
   (Ela partiu por 3 semanas.)

C'est pour bientôt mais pas pour lundi.
(É para breve mas não para segunda-feira.)

3. o fim

   Il doit voyager pour s'instruire.
   (Ele deve viajar para se instruir.)

   J'ai acheté ces fleurs pour toi.
   (Comprei estas flores para você.)

4. a causa

   On l'a recompensé pour son courage.
   (Recompensaram-no por sua coragem.)

   Il a été licencié pour faute grave.
   (Ele foi despedido por falta grave.)

5. o preço

   J'ai acheté ce livre pour 20 euros.
   (Comprei este livro por 20 euros.)

   Ni pour tout l'or du monde.
   (Nem por todo o ouro do mundo.)

6. a porcentagem

   Le taux est de cinq pour cent.
   (A taxa é de 5%.)

7. no lugar de

   J'ai signé pour le directeur.
   (Assinei pelo diretor.)

   Il a payé pour moi. (Ele pagou para mim.)

8. o ponto de vista

   Pour un ministre, il parle mal.
   (Para um ministro, ele fala mal.)

Pour moi, le client a tort.
(Para mim, o cliente está errado.)

9. a conseqüência

   Il est assez grand pour travailler.
   (Ele é grande o suficiente para trabalhar.)

10. a favor de

    Il a voté pour le parti de gauche.
    (Ele votou para o partido de esquerda.)

Algumas locuções e expressões importantes

pour de bon, pour de vrai – realmente
pour de sûr – seguramente
en tout et pour tout – somente, unicamente
pour ce qui est de – no que concerne
pour une fois, pour cette fois, pour le coup – desta vez
pour le cas où (= au cas où) – no caso em que
et pour cause! – por uma razão evidente demais
pour autant que – na medida em que
pour autant – mesmo para isso
pour une bouchée de pain – por quase nada
pour l'amour de l'art – por amor à arte
pour ainsi dire – por assim dizer
pour comble de – para cúmulo de
pour le meilleur et pour le pire – em todas as circunstâncias da vida
pour votre gouverne – o que deve servir de regra de conduta
pour rien au monde – por nada no mundo
pour un oui, pour un nom – por um nada
pour des prunes, pour le roi de Prusse – por dá cá aquela palha
pour le coup – desta vez, por esta vez.

Observação: **Pour** emprega-se, às vezes, como substantivo e significa **pró**.

Ex.: **Il a pesé le pour et le contre.**
(Ele pesou o pró e o contra.)

22. Negativa

A palavra não traduz-se por **non** quando isolada ou sem verbo; e por **ne... pas** com verbo, ficando este no meio dos dois advérbios, salvo quando o verbo estiver no infinitivo.

Ex.: **Je ne sors pas.** (Eu não saio.)

Elle n'a pas mon adresse. (Ela não tem meu endereço.)

Prière de ne pas fumer. (Roga-se não fumar.)

Pode-se empregar a palavra **point**, em lugar de **pas**, para negar com mais força.

Ex: **Je n'ai pas d'argent.** (Eu não tenho dinheiro.)
      Je n'ai point d'argent. (Eu não tenho dinheiro nenhum.)

Point significa absolutamente não, de maneira alguma.

O advérbio **ne** é frequentemente suprimido na linguagem oral.

Ex.: **J' vais pas** (Não vou.)
      J' sais pas (Não sei.)

Os advérbios **pas** e **point** são suprimidos nestes seguintes casos:

1 Quando houver na frase uma outra palavra negativa além do **ne**, como: **aucun** (nenhum), **guère** (quase nada, raramente, muito pouco), **jamais**, **ni** (nem), **nul** (nulo, ninguém, nenhum), **rien** (nada), **personne** (ninguém), **plus** (mais).

   Ex.: **Je ne le vois jamais.** (Não o vejo nunca.)
          Il ne sort plus. (Ele não sai mais.)
          Il n'y a aucun motif. (Não há nenhum motivo.)
          Nul n'est prophète dans son pays. (Ninguém é profeta na sua terra.)

2. Quando houver na frase uma das seguintes palavras tomadas no sentido negativo: **brin** (haste, talo), **goutte** (gota; nada, absolutamente), **grain** (grão), **mie** (miolo de pão), **mot** (palavra).

   Ex.: **Je ne dis mot.** (Não digo nada, nem uma palavra.)
          Ils n'avaient grain de blé. (Não tinham grão de trigo.)

3   Depois dos verbos **bouger** (mexer), **cesser**, **oser** (ousar), **pouvoir** (poder).

Atenção: o uso aqui é facultativo.

Ex.: **Il ne cesse (pas) de travailler.**
(Ele não para de trabalhar.)

Il n'osera (pas) t' attaquer.
(Ele não ousará te atacar.)

d) Depois do verbo savoir, quando tiver o sentido de pouvoir.

Ex.: **On ne saurait mieux dire.**
(Não se saberia (poderia) dizer melhor.)

e) Depois de **il y a, depuis que, voilà, voici,** seguidos de uma palavra que indique um certo espaço de tempo.

Ex.: **Il y a longtemps que je ne le vois.**
(Há muito tempo não o vejo.)

Voilà un an que nous ne nous sommes rencontrés.
(Aí está um ano que nós não nos encontramos.)

f) Depois de **que** significando por que.

Ex.: **Que n'a-t-il mieux travaillé?**
(Por que ele não trabalhou melhor?)

g) Depois de **si** condicional.

Ex.: **Elle a cinquante ans, si je ne me trompe.**
(Ela tem 50 anos, se eu não me engano.)

Je n'irai pas si on ne vient me chercher.
(Não irei se não vierem me buscar.)

h) Depois de **qui** interrogativo.

Ex.: **Qui ne désirerait un tel travail?**
(Quem não desejaria um tal trabalho?)

Qui ne connaît cette histoire?
(Quem não conhece esta história?)

Emprego expletivo do (**ne**)

<u>Palavras expletivas</u>, segundo Aurélio Buarque de Holanda, são "palavras, desnecessárias ao sentido da frase, que lhe dão, todavia, mais força ou graça".

Então, vejamos alguns casos em que o **ne** é empregado assim (<u>sem</u> sentido negativo) sobretudo no estilo literário:

a) Após verbos e termos que exprimam temor, receio, impedimento: **avoir peur que** (ter medo que), **avoir la crainte que** (ter temor que), **craindre que** (temer que), **défendre que** (proibir que), **empêcher que** (impedir que), **éviter que** (evitar que), **redouter que** (temer que), **trembler que** (tremer, temer, recear).

    Ex.: **Je crains qu'il ne pleuve.**
    (Temo que chova.)

    Je tremble qu'il ne soit trop tard.
    (Receio que seja tarde demais.)

    Il a peur qu'elle ne l'oublie.
    (Ele tem medo que ela o esqueça.)

    Atenção: se o termo que exprime o temor estiver numa frase interrogativa ou negativa, devemos omitir o **ne** na oração subordinada.

    Ex.: **Je ne crains pas qu'on me démente.**
    (Não temo que me desmitam.)

    Je n'ai pas peur qu'il soit là.
    (Não tenho medo que ele esteja aí.)

b) Depois das expressões comparativas: **plus que** (mais que), **moins que** (menos que), **mieux que** (melhor que), **autre (ment) que** (de outro modo que, de modo diferente de), **meilleur que** (melhor que), **pire que** (pior que), **moindre que** (menos que), **plutôt que** (de preferência que).

    Ex.: **Il est plus intelligent que vous ne croyez.**
    (Ele é mais inteligente do que você acredita.)

    Il est autre que je ne pensais.
    (Ele é diferente do que eu pensava.)

Cela s'est passé mieux qu'on n'avait espéré.
(Aconteceu melhor do que esperávamos.)

Atenção: Do mesmo modo que estudamos no item (a), quando os termos acima vistos estiverem numa frase interrogativa ou negativa, omitiremos o **ne**.

Ex.: **La situation n'est pas pire qu'elle était.**
(A situação não está pior do que estava.)

c) Depois de **avant que** (antes que), **à moins que** (a menos que), **il s'en faut que** (está longe de, falta bastante), **peu s'en faut que** (quase, por pouco), **sans que** (sem que).

Ex.: **Il faut agir avant qu'il ne soit trop tard.**
(É preciso agir antes que seja tarde demais.)

J'ai l'intention de m'absenter, à moins que vous n'ayez besoin de moi.
(Tenho a intenção de me ausentar a menos que vocês precisem de mim.)

Peu s'en a fallu qu'il ne perdît sa place.
(Por pouco ele perdeu o lugar dele.)

Il a agi sans que personne ne sache.
(Agiu sem que ninguém soubesse.)

Expressões de sentido negativo sem **ne**:

a) **Pas de chance.** (Sem sorte.)
b) **Point de doute.** (Não ha dúvida.)
c) **Point d'affaire.** (Nada feito, de maneira alguma.)
d) **Pas du tout.** (De jeito nenhum.)
c) **Pas un.** (Nem um, nenhum.)
d) **Pas encore.** (Ainda não.)
e) **Pas un sou.** (Nem um tostão.)
f) **Pas moi.** (Eu não.)
g) **Pourquoi pas?** (Por que não?)

Expressões com **ne**

a) **ne... que**

Esta expressão que enquadra um verbo ou um auxiliar exprime uma restrição sobre o termo que está ao lado do **que** e equivale a somente.

Ex.: **Il ne lit que des romans policiers.**
(Ele só lê romances policiais.)

Il ne fait qu' imiter.
(Ele só faz imitar.)

Il n'y a que l'argent qui compte.
(É só o dinheiro que vale.)

b) **ne... rien que; ne... seulement que**

Nestas expressões, rien (nada), seulement (somente) estão apenas reforçando (são supérfluos) a expressão **ne... que**:

Ex.: **Ça ne sert à rien qu'à faire perdre du temps.**
(Isto só serve para fazer perder tempo.)

Il n'y avait seulement que trois personnes au courant.
(Só havia três pessoas a par.)

c) **ne... pas que (= pas seulement)**

É empregada no sentido de não só, não somente. E nega a restrição expressa por **ne... que**.

Ex.: **Il n' y a pas que l'argent qui compte.**
(Não é só o dinheiro que vale.)

Cela n'a pas que des avantages.
(Isto não tem só vantagens.)

Vamos ver alguns provérbios em que usamos a negativa:

1. **Il n'y a que le premier pas qui coûte.**

    (Este provérbio fala da dificuldade de um começo: apenas o primeiro passo é que custa, é que é difícil.)

2. **Il ne faut pas mettre la charrue avant les boeufs.**
   (Não se deve pôr a carroça na frente dos bois.)

3. **Bien mal acquis ne profit jamais.**
   (De um bem mal adquirido não se aproveita nunca/não se pode gozar em paz de um bem obtido por meios ilícitos.)

4. **On ne peut complaire à tous.**
   (Não se pode agradar a todos.)

5. **Amour, toux, fumée et argent ne se peuvent cacher longtemps.**
   (Amor, tosse, fumaça e dinheiro não se pode esconder muito tempo.)

6. **Il n'est pas de belles prisons ni de laides amours.**
   (Não existem belas prisões nem amores feios.)

7. **Nul n'est censé ignorer la loi.**
   (Ninguém pode ser tido por ignorante da lei.)

8. **Le bâillement ne ment jamais: faim, sommeil ou ennui.**
   (O bocejo não mente nunca: fome, sono ou tédio.)

9. **Coeur qui soupire n'a pas ce qu'il désire.**
   (Coração que suspira não tem o que ele deseja.)

10. **On ne fait pas d'omelette sans casser d'oeufs.**
    (Não se faz omelete sem quebrar os ovos/não se consegue um bom resultado sem sacrifícios.)

11. **Pas de nouvelles, bonnes nouvelles.**
    (Sem notícias, boas notícias.)

12 **Qui ne risque rien, n'a rien.**
    (Quem não arrisca nada, não tem nada.)

13. **Qui ne dit mot consent.**
    (Quem não diz nada (não faz objeção) consente.)

23. **Très** ou **beaucoup**?

Ambos os advérbios significam muito, mas a dúvida que aparece é quanto ao emprego.

Très sendo advérbio modifica um outro advérbio e um adjetivo.

Ex.: **Elle est très belle** (adjetivo). (Ela é muito bela.)

Ils sortent très souvent (advérbio). (Eles saem muito frequentemente.)

Je me sens très bien (advérbio). (Sinto-me muito bem.)

Les enfants sont très contents (adjetivo). (As crianças estão muito contentes.)

Beaucoup também sendo advérbio modifica um verbo e também um adjetivo, mas apenas quando este for comparativo.

Ex.: **Nous avons beaucoup travaillé.** (Trabalhamos/estudamos muito.)

Elle est beaucoup plus gentille que lui.
(Ela é muito mais gentil que ele.)

Les parents s'inquiètent beaucoup.
(Os pais se preocupam muito.)

Observação:

a) **Beaucoup** é seguido da preposição **de** antes de substantivo.

   Ex.: **Les soldats ont beaucoup de courage.**
   (Os soldados têm muita coragem.)

b) Encontramos também **très** modificando substantivos...

   Ex.: **J'ai très faim, très soif, très peur.**
   (Tenho muita fome, muita sede, muito medo.)

   ... Mas, o melhor seria dizer assim:

   J'ai grand-faim, grand-peur.

   E no lugar de dizer **Il fait très attention**

   diga: **Il fait bien attention.**
   (Ele presta muita atenção.)

Não diga: **Ça me fait très plaisir.**
E sim: **Ça me fait grand plaisir.**
(Isto me dá grande prazer.)

Evite: **C'est un bijou très à la mode.**
Diga: **C'est un bijou fort à la mode.**
(É uma joia muito na moda.)

No lugar de **Il a très raison**
prefira: **Il a grandement raison.**
(Ele tem muita razão.)

24. Quelque ou quel (le) ... que ou quelque(s)... que

Quelque...que como advérbio significa por mais que, por muito que

Ex.: **Quelque riche que tu sois, pense aux pauvres.**
(Por mais rico que você seja, pense nos pobres.)

Como pronome adjetivo indefinido quer dizer algum.

Ex.: **Quelques riches ne pensent pas aux pauvres.**
(Alguns ricos não pensam nos pobres.)

Quel(le) que (em duas palavras) precede sempre um verbo. A sua tradução é qualquer que seja, seja qual for. E só se emprega com o verbo **être**.

Ex.: **J'ai besoin d'une aide, quelle qu'elle soit.**
(Preciso de ajuda, qualquer que ela seja.)

Quel que soit ton nom.
(Qualquer que seja teu nome.)

Attention:

Quelque... que é uma locução adverbial invariável quando usada com um adjetivo.

Ex.: **Quelque courageuses qu'elles fussent, elles tremblèrent.**
(Por mais corajosas que elas fossem, elas tremeram.)

Mas se torna variável quando empregada com um substantivo.

Ex.: **Quelques soucis qu'il ait, il reste tranquille.**
(Por mais preocupações que ele tenha, ele está tranquilo.)

Atenção: há um erro frequente de confundir **quelque** com qualquer.

Para expressar qualquer, usamos em francês: **n'importe quel** (qualquer), **n'importe qui** (qualquer pessoa), **n'importe quoi** (qualquer coisa), **n'importe où** (qualquer lugar).

Ex.: **Je peux vivre dans n'importe quel pays.**
(Posso viver em qualquer país.)

N'importe qui trouverait cela.
(Qualquer pessoa acharia isso.)

Je partirai n´importe où.
(Partirei para qualquer lugar.)

25. **Être** ou **avoir**?

O emprego destes verbos auxiliares nos tempos compostos em francês pode ser explicado do seguinte modo: imagine dois conjuntos

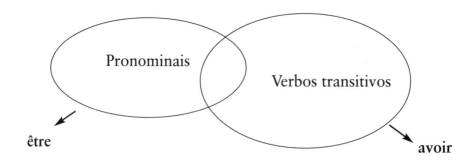

Assim, no conjunto do verbo être, você encontra todos os verbos pronominais. Estes são sempre conjugados com o auxiliar être:

Ex.: se coucher (deitar-se.)
Elle s'est couchée tôt. (Ela se deita cedo.)

s' habiller (vestir-se.)
Ils se sont habillés vite. (Eles se vestiram rápido.)

se réveiller (acordar)
À quelle heure elles s'étaient réveillées? (A que horas elas tinham acordado?)

E no conjunto do verbo **avoir,** todos os verbos transitivos (verbos que exigem um complemento verbal).

Ex.: écrire (escrever)
Elle a écrit cette lettre. (Ela escreveu esta carta.)

lire (ler)
J'ai lu tous les poèmes de Baudelaire. (Eu li todos os poemas de Baudelaire.)

Obéir (obedecer)
Il a obéit à ses parents. (Ele obedeceu a seus pais.)

Voltemos ao nosso desenho: você percebeu que há um conjunto interseção:

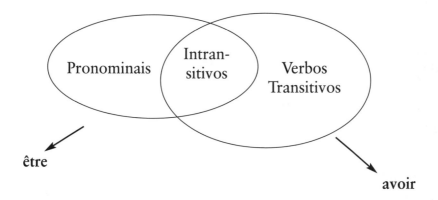

É neste conjunto que encontramos os verbos intransitivos (que não exigem complemento verbal.)

A maior parte deles se conjuga com **avoir** (courir, dormir etc.) e a menor parte com **être** (venir, aller etc.)

Para ajudá-lo a memorizar os verbos intransitivos conjugados com **être**, imagine esta linda colina verdejante com uma casinha no topo:

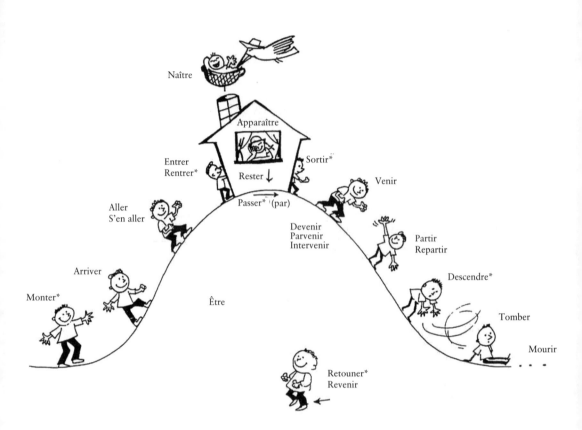

Naître (Nascer)
Entrer (Entrar)
Rentrer (Voltar)
Sortir (Sair)
Apparaître (Aparecer)
Rester (ficar)
Aller (Ir)
S'en aller (Ir embora)
Arriver (Chegar)
Monter (Subir)
Venir (Vir)
Repartir (Repartir)
Descendre (Descer)
Tomber (Cair)
Mourir (Morrer)

Devenir (Tornar-se)
Parvenir (Alcançar)
Intervenir (Intervir)

Exemplos:

Naître (nascer)
Marie est née en 1950. (Maria nasceu em 1950.)

Venir (vir)
Quand sont-ils venus? (Quando eles vieram?)

Arriver (chegar)
Elles étaient déjà arrivées quand je me suis levé(e).
(Elas já tinham chegado quando eu me levantei.)

> Atenção: Observe que na nossa "colina" há alguns verbos com asterisco. Estes podem ser conjugados com o verbo **avoir** se forem construídos com objeto direto.

Então: **Monter** (subir)

Je suis monté(e) au Corcovado. (Subi ao Corcovado.)
J'ai monté l'escalier. (Subi a escada.)

objeto direto

Rentrer (voltar)
Je suis rentré(e) chez moi. (Voltei para minha casa.)
J'ai rentré la voiture. (Recolhi o carro.)

Passer (passar)
Je suis passé(e) par Madrid. (Passei por Madri.)
J'ai passé de bonnes vacances. (Passei boas férias.)

Retourner (voltar para lá)
Je suis retourné(e) en France. (Voltei à França.)
J'ai retourné le disque. (Virei o disco do outro lado.)

Sortir (sair)
Je suis sorti(e) avec toi. (Saí com você.)
J'ai sorti la moto du garage. (Tirei a moto da garagem.)

Descendre (descer)
Je suis descendu(e) vite. (Desci rapidamente.)
J'ai descendu la poubelle. (Desci a lata de lixo.)

26. Concordância do particípio passado

a) com o auxiliar **être**

O particípio passado concorda com o SUJEITO.

Ex.: **Elles sont devenues très amies.** (Tornaram-se muito amigas.)

Carmen et Mario se sont mariés le 19 mars 1949.
(Cármen e Mário se casaram em 19 de março de 1949.)

Geneviève est descendue en courant. (Geneviève desceu correndo.)

O mesmo ocorre com verbos transitivos na voz passiva.

Ex.: **Ces exercices ont été très bien préparés.**

(Estes exercícios foram muito bem preparados.)

Marie et moi, nous avons été bien reçus.

(Maria e eu, nós fomos bem recebidos.)

> Atenção: O particípio passado dos verbos pronominais também concorda com o sujeito se <u>não</u> houver objeto direto.
>
> Ex.: **Marie s'est lavée.** (Maria se lavou.)
>
> Ex.: **Marie s'est lavé les mains.** (Maria lavou as mãos.)
>   objeto direto

Elle s'est coupée. (Ela se cortou.)

Elle s'est coupé le doigt. (Ela cortou o dedo.)
                 Obj. direto

Paul et Pierre se sont écrit. (Paulo e Pedro se escreveram.)
(Neste exemplo, podemos notar que o objeto direto (cartas) pode estar subentendido.)

Se o objeto direto <u>preceder</u> o verbo, o particípio passado varia.

ex.: **Ils se sont acheté des fleurs.** (Eles se compraram flores.)

Les fleurs qu'ils se sont achetées.

(As flores que eles se compraram.)

Elles se sont imposé des tâches ménagères.
(Elas se impuseram tarefas domésticas.)

Les tâches ménagères qu'elles se sont imposées.

(As tarefas domésticas que elas se impuseram.)

Não devemos confundir em francês uma oração subordinada substantiva objetiva indireta e uma objetiva direta:

Ex.: **Elle s'est aperçue qu'elle avait tort.** (s'apercevoir <u>de</u>)
(Ela percebeu que estava errada.)

Em português, a oração é objetiva direta, mas não em francês. O verbo <u>apercevoir</u> pede a preposição <u>de</u>, daí a oração que se lhe segue é objetiva indireta.

Elle s'est rappelé qu'elle avait un rendez-vous. (se rappeler quelque chose)
(Ela se lembrou que tinha um encontro. (lembrar-se de alguma coisa.)

Em português, quando o objeto indireto vier expresso por uma oração desenvolvida, como no último exemplo, a preposição <u>de</u> pode faltar.

O particípio passado dos seguintes 15 verbos pronominais é sempre <u>invariável</u>:

se convenir (dar-se bem, agradar reciprocamente)
se survivre (perpetuar-se)
s'en vouloir (censurar-se por)
se nuire (prejudicar-se)
s'entre-nuire (prejudicar-se mutuamente)
se parler (falar-se)
se plaire (comprazer-se, estar satisfeito)

se complaire (comprazer-se, deleitar-se)
se déplaire (aborrecer-se)
se ressembler (parecer-se)
se rire (rir-se)
se sourire (sorrir-se)
se succéder (suceder-se)
se suffire (bastar-se)
se mentir (mentir-se)

Ex.: **Elles se sont nui.** (Elas se prejudicaram.)

Les années se sont succédé et rien n'a changé.
(Os anos se sucederam e nada mudou.)

Ils ne se sont jamais parlé. (Nunca se falaram.)

Ils se sont entre-nui. (Eles se prejudicaram reciprocamente.)

Elle s'est plu dans la solitude. (Ela se sentiu bem na solidão.)

Marie s'en a voulu d'avoir accepté. (Maria se censurou por ter aceitado.)

Elle s'est déplu dans cette maison. (Ela se aborreceu nesta casa.)

Particípio passado seguido de infinitivo:

No caso dos verbos de percepção:

Voir (ver), **regarder** (olhar), **entendre** (ouvir), **écouter** (escutar), **sentir**

assim como os verbos:

laisser (deixar), **faire** (fazer), **envoyer** (enviar), o pronome complemento precede o verbo conjugado.

Este pronome pode ser:

– objeto direto do verbo conjugado e sujeito do infinitivo (sentido ativo)

ex.: **Cette chanteuse, je l'ai entendue chanter**

(Esta cantora, eu a ouvi cantar.)

– objeto direto do infinitivo (sentido passivo): o particípio passado fica então <u>invariável</u>.

Ex.: **Cette mélodie, je l'ai entendu siffler (par cet ouvrier)**
(Esta melodia, eu a ouvir assobiar (por este operário)

Resumindo: o particípio passado permanece <u>invariável</u> quando o infinitivo que o segue tem sentido passivo. É <u>variável</u>, quando tem sentido ativo.

Ex.: **Les comédies qu'on a empêché de jouer.**
(As comédias que impediram de representar.)

Les comédiens qu'on a empêchés de jouer. (Os atores que impediram de representar.)

Cette pièce, je l'ai vu jouer.
(Esta peça, eu a vi representar.)

Cette personne, je l'ai vue arriver.
(Esta pessoa, eu a vi chegar.)

Seguido de infinitivo, o particípio **fait** (feito) seria sempre <u>invariável</u>.

Ex.: **Ma voiture, je l'ai fait réparer.**
(Meu carro, eu o fiz consertar.)

Les lettres que j'ai fait suivre.
(As cartas que eu fiz seguir.)

Particípio passado dos verbos de avaliação, alguns verbos intransitivos, como

coûter (custar)
valoir (valer)
peser (pesar)

mesurer (medir)
marcher (caminhar)
courir (correr)
vivre (viver)
dormir (dormir)
régner (reinar)
durer (durar)
reposer (descansar) etc.

    podem ter às vezes um adjunto adverbial (de preço, de valor, de peso, de duração, de distância...) que não deve ser confundido com um objeto direto.

O particípio passado destes verbos é então invariável.

Ex.: **Les cinq euros qu'a coûté ce livre.**
(Os cinco euros que custou este livro.)

Les deux quilomètres que j'ai couru.
(Os dois quilômetros que eu corri.)

    Atenção: Alguns verbos mencionados acima não exprimem sempre uma avaliação. Eles podem ser transitivos diretos mudando de sentido. Neste caso, o particípio passado concorda com o objeto direto anteposto.

<u>Coûter</u> (custar)

La peine que ce travail m'a coûtée.
(O esforço que este trabalho me custou.)

valoir (valer)

Les récompenses que ton travail t'a values.
(As recompensas que teu trabalho te valeu.)

peser (pesar)

Les arguments que j'ai pesés.
(Os argumentos que eu pesei.)

mesurer (medir)

La table que j'ai mesurée.
(A mesa que eu medi.)

courir (correr)

Les dangers qu'il a courus.
(Os perigos que ele correu.)

vivre (viver)

Ces expériences, il les a vécues profondément.
(Estas experiências, ele as viveu profundamente.)

Particípio passado precedido de **en**

O particípio passado dos verbos conjugados com **avoir** precedido de <u>en</u> (objeto direto) é invariável.

Ces pommes sont excellentes, j'en ai beaucoup mangé.
(Estas maçãs são excelentes, eu comi muito.)

<u>En</u> pode substituir:

a) um objeto direto

J'ai fait <u>des fautes</u>. J'en ai fait.

(Fiz erros. Eu os fiz.)

b) um objeto indireto

J'ai parlé <u>de ces films</u>. J'en ai parlé.

(Falei de filmes. Falei deles.)

> Atenção: Se o particípio passado precedido de **en** é conjugado com <u>être</u>, ele concorda naturalmente com o sujeito.

Ils sont revenus des États Unis. Ils en sont revenus.
(Eles voltaram dos Estados Unidos. Eles voltaram de lá.)

27. Autant

Este advérbio de comparação (que traz tantas dúvidas na hora de traduzir suas expressões) significa: <u>tanto, outro tanto, igual, do mesmo modo.</u>

Vamos então às expressões:
autant que = <u>do mesmo modo que, tanto como.</u>

Ex.: Je lis autant que toi.
(Leio tanto como você.)

d'autant = <u>na mesma proporção, outro tanto.</u>

Ex.: Payez un acompte, vous réduirez vos dettes d'autant.
(Pague um adiantamento, você reduzirá suas dívidas na mesma proporção.)

d'autant plus = <u>tanto mais que, ainda mais.</u>
Ex.: Je suis d'autant plus heureuse que je ne m'y attendais pas.
(Eu estou ainda mais feliz do que eu esperava.)

autant de (+ nom) = <u>a mesma quantidade.</u>
Ex.: Tu as autant de livres que moi.
(Você tem tantos livros quanto eu, a mesma quantidade.)

Autant de têtes autant d'avis.
(Tantas cabeças quantas sentenças.)

Autant usado com o pronome **en** significa <u>a mesma coisa.</u>
Ex.: Tâchez d'en faire autant.
(Procure fazer o mesmo, a mesma coisa.)

Je ne peux en dire autant.
(Eu não posso dizer a mesma coisa.)

Pour autant = <u>por isso, apesar disso, entretanto.</u>
Ex.: Il a fait un effort mais il n'en est pas moins paresseux pour autant.
(Ele fez um esforço mas não é menos preguiçoso por isso ou apesar disso.)

(Pour) autant que + subjonctif = <u>na medida em que.</u>
Ex.: Pour autant que je sache, vous n'avez reçu aucune lettre.
(Na medida em que eu saiba, você não recebeu nenhuma carta.)

Autant... autant... = esta expressão introduz geralmente duas orações contraditórias.
Ex.: **Autant j'étais d'accord avec vous la semaine dernière, autant j'ai du mal à vous suivre aujourd' hui.**
(Por mais que /da mesma maneira que eu estava de acordo com você na semana passada, tenho problemas em compreendê-lo hoje.)

d'autant = à proporção
Ex.: **On a élevé cette maison d'un étage et baissé cette autre d'autant.**
(Levantaram esta casa de um andar e abaixaram esta na mesma proporção.)

d'autant que = visto que, posto que
Ex.: **Il ne peut pas marcher avec sa jambe dans le plâtre d'autant qu'il est encore faible.**
(Ele não pode caminhar com a perna no gesso visto que ainda está fraco.)

d'autant plus que = ainda mais, à medida que, pela razão que
Ex.: **Je le crois d'autant plus que c'est un homme de bien.**
(Acredito nele ainda mais que é um homem de bem.)

d'autant plus! = à plus forte raison

d'autant mieux que = ainda melhor pela razão que, tanto mais
Ex.: **Je le sais d'autant mieux que j'en ai été témoin.**
(Eu sei disso tanto mais que fui testemunha.)

autant que possible = na medida do possível, tanto quanto possível.

28. Dont ou du quel?

A dúvida que se apresenta em sala de aula é a seguinte: estes pronomes relativos significam em algumas frases a mesma coisa: **do qual**.

Dont também significa **cujo**, cuja, cujos, cujas
Ex.: C'est la petite fille dont le prénom est Maria Laura.
(É a menininha cujo nome é Maria Laura.)

E nos seguintes exemplos, como vou saber qual pronome usar corretamente? Vamos lá:

Voici les papiers **dont** tu as besoin pour ton voyage.
(Aqui estão os documentos dos quais você precisa para sua viagem!)

C'est une fête d'anniversaire **dont** je me souviendrai longtemps.
(É uma festa de aniversário da qual me lembrarei durante muito tempo.)

Le musée <u>près</u> **duquel** j'habite.
(O museu perto do qual um moro)

L'hôtel <u>à côté</u> **duquel** est le Collège de France.
(O hôtel ao lado do qual está o Collège de France.)

Observem que para usar <u>duquel, de laquelle, desquels, desquelles</u> é necessário que estes relativos compostos venham <u>precedidos de preposição</u>:
Mais alguns exemplos para vocês gravarem bem a diferença no uso:

C'est une difficulté dont tu dois avoir conscience.
(É uma dificuldade da qual você deve ter consciência.)

C'est un jouet dont Filippo a envie.
(É um brinquedo do qual Filippo tem vontade.)

C'est un film à la fin duquel tout le monde pleure.
(É um filme no final do qual todo mundo chora.)

La colline au sommet de laquelle il est monté on peut voir toute la côte.
(A colina no alto da qual ele subiu pode-se ver toda a costa.)

29. Leur, Leurs ou Lui?

É uma pergunta recorrente em sala de aula: qual a diferença entre <u>leur</u> e <u>leurs</u>? E <u>lui</u>, posso usar também quando o objeto indireto for feminino?
<u>Leur</u> significa **deles ou delas** quando for adjetivo possessivo e o plural será <u>leurs</u>, quer dizer:

Les professeurs ont leur salle et leurs élèves.
(Os professores têm a sala deles e os alunos deles.)

Maria et Laura prennent leur voiture pour aller chercher leurs enfants.
(Maria e Laura pegam o carro delas para irem buscar os filhos delas.)

Mas quando o pronome leur significa lhes ele não vai para o plural!! Assim:

Je parle à mes amis.

Je leur parle.

Eu falo aos meus amigos.

Eu lhes falo.

Le metteur en scène explique aux actrices.

Le metteur en scène leur explique.

O diretor explica às atrizes.

O diretor lhes explica.

O pronome lui quando significa lhe serve tanto para o objeto indireto masculino ou feminino, como em português. Assim:

Je donne le livre à André.

Je lui donne le livre.

Eu dou o livro a André.

Eu lhe dou o livro.

Je donne le livre à Carolina.

Je lui donne le livre.

Eu dou o livro à Carolina.

Eu lhe dou o livro.

Como ilustração do que acabamos de estudar, leia estes belos poemas de Pierre Reverdy. Você agora entenderá melhor o emprego da concordância dos particípios passados.

Miracle

Tête penchée
                      Cils recourbés
Bouche muette
Les lampes se sont allumées
Il n'y a plus qu'un nom
                      Que l'on a oublié
La porte se serait ouverte
Et je n'oserais pas entrer
                      Tout ce qui se passe derrière

On parle
           Et je peux écouter

Mon sort était en jeu dans la pièce à côté

Milagre

Cabeça inclinada
                      Cílios recurvados
Boca muda
As lâmpadas se acenderam
Há apenas um nome
                      Que esqueceram
A porta se teria aberto
E eu não ousaria entrar
                      Tudo o que acontece atrás

Falam
            E eu posso ouvir

Meu destino estava em jogo no cômodo ao lado

Le coeur dur

Je n'aurais jamais voulu revoir ton triste visage
Tes joues creuses et tes cheveux au vent
Je suis parti à travers champs
Sous les bois humides
Jour et nuit
Sous le soleil et sous la pluie
Sous mes pieds craquaient les feuilles mortes
Parfois la lune brillait

Nous nous sommes retrouvés face à face
Nous regardant sans nous rien dire
Et je n'avais plus assez de place pour repartir

Je suis resté longtemps attaché contre un arbre
Avec ton amour terrible devant moi
Plus angoissé que dans un cauchemar

Quelqu'un plus grand que toi enfin m'a délivré
Tous les regards éplorés me poursuivent
Et cette faiblesse contre laquelle on ne peut pas lutter
Je fuis rapidement vers la méchanceté
Vers la force qui dresse ses poings comme des armes
Sur le monstre qui m'a tiré de ta douceur avec ses griffes
Loin de l'étreinte molle et douce de tes bras
Je m'en vais respirant à pleins poumons
À travers champs à travers bois
Vers la ville miraculeuse où mon coeur bat

O coração duro

Eu não teria querido jamais rever teu triste rosto
Tuas faces magras e teus cabelos ao vento
Parti através dos campos
Sob bosques úmidos
Dia e noite
Sob o sol e sob a chuva
Sob meus pés estalavam folhas mortas
Às vezes a lua brilhava

Nós nos encontramos frente a frente
Olhando-nos sem nada nos dizer
E eu não tinha mais lugares para partir de novo

Fiquei muito tempo preso a uma árvore
Com teu terrível amor na minha frente
Mais angustiado que num pesadelo

Alguém maior que ti enfim me livrou
Todos os olhares lacrimosos me perseguem
E esta fraqueza contra a qual não se pode lutar
Eu fujo rapidamente para a maldade
Para a força que levanta seus punhos como armas
Sobre o monstro que me tirou da tua doçura com suas garras
Longe do abraço mole e doce de teus braços
Eu vou embora respirando a plenos pulmões
Através dos campos através dos bosques
Para a cidade milagrosa onde bate meu coração

C'est si bon

A. Hornez, H. Betti
(Chantée par Yves Montand)

C'est si bon de partir n'importe où
Bras-dessus, bras-dessous
En chantant des chansons
C'est si bon de se dire des mots doux
De petits riens du tout
Mais qui en disent long
En voyant notre mine ravie
Les passants dans la rue nous envient

C'est si bon de guetter dans ses yeux
Un espoir merveilleux
Qui me donne le frisson
C'est si bon cette petite sensation
Et si nous nous aimons
C'est parce que c'est si bon

C'est inouï ce qu'elle a pour séduire
Sans parler de ce que je ne peux pas dire...
C'est si bon quand je la tiens dans mes bras
Et me dire que tout ça
C'est à moi pour de bon
C'est si bon et si nous nous aimons
Cherchez pas la raison
C'est parce que c'est si bon
C'est parce que c'est si bon...

É tão bom

A. Hornez, H. Betti
(Cantada por Yves Montand)

É tão bom partir para qualquer lugar
de braços dados
Cantando canções
É tão bom se dizer palavras doces
Coisinhas de nada
Mas que dizem muito
Vendo nossa aparência alegre
Os passantes na rua nos invejam

É tão bom espreitar nos seus olhos
uma esperança maravilhosa
que me dá arrepio
É tão bom esta pequena sensação
E se nós nos amamos
É porque é tão bom

É incrível o que ela tem para seduzir
Sem falar do que eu não posso dizer...
É tão bom quando a tenho em meus braços
E me dizer que tudo isso
É meu realmente
É tão bom se nós nos amamos
Não procure a razão
É porque é tão bom
É porque é tão bom...

Faux amis/Falsos amigos

É assim que denominamos palavras com a mesma raiz em francês e português mas com sentidos diferentes.

A palavra	quer dizer	e não	que se traduz por
abîmer (verbo)	estragar	abismar	*étonner*
Ex.: *Pierre abîme tous les jouets.* (Pedro estraga todos os brinquedos.)			
abonné (substantivo)	assinante	abonado	*garanti (adj.)*
Ex.: *Il s'est abonné à plusieurs revues.* (Ele assinou várias revistas.)			
absolument (advérbio)	Completamente/sim	absolutamente	*pas du tout*
Ex.: *C'est absolument faux.* (É completamente falso.)			
accorder (verbo)	pôr de acordo/concililar/conceder	acordar	*réveiller*
Ex.: *On a accordé une réduction aux élèves.* (Concederam um desconto aos alunos.)			
affamé (adjetivo)	faminto	afamado	*célèbre*
Ex.: *Je suis affamé.* (Estou faminto)			
amasser (verbo)	amontoar/economizar	amassar	*pétrir/froisser/chiffonner*
Ex.: *Ils ont amassé sou à sou pour acheter cette maison.* (Eles economizaram tostão por tostão para comprar esta casa.)			

A palavra	quer dizer	e não	que se traduz por
amende (substantivo)	multa	amêndoa	*amande*
Ex.: *Défense de stationner sous peine d'amende.* (Proibido estacionar sob pena de multa.)			
appointements	vencimentos/salários	apontamentos	*annotations*
Ex.: *Tes appointements sont médiocres.* (Seu salário é medíocre.)			
armée (substantivo)	exército	armada	*flotte*
Ex.: *L'armée française a bien combattu.* (O exército francês combateu bem.)			
attendre (verbo)	aguardar/esperar	atender	*servir/répondre au téléphone/s'occuper de/ soigner*
Ex.: *Attendez un instant.* (Espere um instante.)			
attirer (verbo)	atrair	atirar	*tirer*
Ex.: *La lumière attire les papillons.* (A luz atrai as borboletas.)			
auge (substantivo)	manjedouro	auge	*apogée*
Ex.: *Le cochon mange dans son auge.* (O leitão come no seu manjedouro)			
baba (substantivo)	bolo regado ao rhum	babá	*nounou, nourrice*
Ex.: *Nous avons savouré un baba délicieux.* (Saboreamos um bolo regado ao rhum delicioso..)			
baderne (substantivo)	traste velho/militar retrógrado	baderna	*pagaille/chienlit*
Ex.: *C'est un baderne qui ne connaît que sa caserne.* (É um velho limitado que só conhece o quartel dele.)			

A palavra	quer dizer	e não	que se traduz por
baiser quelqu'un (verbo)	Fazer amor (bem pejorativo)	beijar	*embrasser*
Ex.: *Il baise bien parce qu'il l'aime.* (Ele faz bem amor porque ele a ama.)			
bagne (substantivo)	prisão	banho	*bain*
Ex.: *Certains condamnés étaient envoyés au bagne.* (Alguns condenados eram enviados à prisão.)			
balade (substantivo)	passeio	balada	*ballade*
Ex.: *Elle est partie en balade.* (Ela saiu a passeio.)			
billion (numeral)	trilhão	bilhão	*milliard*
Ex.: *Il y a combien de zéros dans un billion? – 12* (Há quantos zeros num trilhão? – 12)			
binocles (substantivo)	lornhão	binóculo	*jumelles*
Ex.: *Binocles, ce sont des lunettes sans branches se fixant sur le nez.* (São óculos sem haste que se fixam no nariz.)			
bobo (substantivo)	dodói (linguagem infantil)	bobo	*bouffon/idiot/ bête/sot*
Ex.: *Jean a un bobo au doigt.* (João tem um dodói no dedo)			
bond (substantivo)	pulo/salto	bonde	*tramway*
Ex.: *Le kangourou avance par bonds.* (O canguru anda aos saltos.)			

A palavra	quer dizer	e não	que se traduz por
brave (adjetivo)	corajoso/bom/gentil	bravo	*coléreux/furieux/ sauvage*
ex.: *C'est un homme brave.* (É um homem corajoso.) *C'est un brave homme.* (É um homem bom, honesto, prestativo.)			
briguer (verbo)	solicitar/disputar	brigar	*se quereller*
Ex.: *Maintenant, tu dois briguer un emploi.* (Agora, você deve solicitar um emprego.)			
cadre (substantivo)	moldura/executivo	quadro	*tableau*
Ex.: *Le cadre de ce tableau est en bois doré.* (A moldura deste quadro é de madeira dourada.) *M. Durant fait partie des cadres de son entreprise.* (Ele exerce função de direção ou controle na sua empresa.)			
cal (substantivo)	calo/calosidade	cal	*chaux*
Ex.: *Cet homme a la paume des mains pleine de cals.* (Este homem tem a palma da mão cheia de calos.)			
came (substantivo)	droga/cocaína (gíria)	cama	*lit*
Ex.: *Les policiers ont trouvé cinq kilos de came.* (Os policiais encontraram cinco quilos de cocaína.)			
cane (substantivo)	pata	cana (de açúcar)	*canne*
Ex.: *La cane est la femelle du canard.* (A pata é a fêmea do pato.)			
car (substantivo)	ônibus de turismo	carro	*voiture/auto/ bagnole* (gíria)
Ex.: *Nous avons fait une excursion en car.* (Fizemos uma excursão de ônibus.)			
carne (substantivo)	carne dura/pangaré	carne	*viande/chair*
Ex.: *Le pauvre cheval, c'est une vieille carne.* (O pobre cavalo é um pobre pangaré.)			

A palavra	quer dizer	e não	que se traduz por
carrosse (substantivo)	carruagem/coche	carroça/nem caroço	*charrette/chariot/ noyau*
Ex.: ***Autrefois, les riches roulaient en carrosse.*** (Antigamente, os ricos andavam de carruagem.)			
carton (substantivo)	papelão ou caixa de papelão	cartão	*carte de visite*
Ex.: ***La couverture de ce livre est en carton.*** (A capa deste livro é de papelão.)			
caser (verbo)	empregar/colocar	casar	*se marier*
Ex.: ***Je ne pourrai pas caser tous ces livres dans mon cartable.*** (Não poderei colocar todos estes livros na minha pasta.)			
casque (substantivo)	capacete	casca	*écorce/peau épluchure/coque coquille*
Ex.: ***Les soldats et les pompiers portent un casque.*** (Os soldados e os bombeiros usam capacete.)			
casser (verbo)	quebrar	caçar	*chasser*
Ex.: ***Marie a cassé une assiette.*** (Marie quebrou um prato.)			
caissier (substantivo)	caixa (a pessoa)	caixeiro	*employé de commerce*
Ex.: ***Le cassier de ce magasin n'a jamais de monnaie.*** (O caixa desta loja nunca tem troco.)			
ceinture (substantivo)	cinto	cintura	*taille*
Ex.: ***Resserre ta ceinture, ton pantalon tombe.*** (Aperte o cinto, a calça está caindo.)			
chamade (substantivo)	sinal de capitulação feito por corneta ou tambor	chamada	*appel*
Ex.: ***Révoltés, ils ont entendu la chamade.*** (Revoltados, eles ouviam o sinal de capitulação.)			

A palavra	quer dizer	e não	que se traduz por
Chanceler (verbo)	cambalear	chanceler/cancelar	*chancelier/annuler*
Ex.: *Il chancelle comme un homme ivre.* (Ele cambaleia como um homem bêbado.)			
chat (substantivo)	gato	chato	*embêtant/ennuyeux*
Ex.: *Le chat miaule devant la porte.* (O gato mia em frente à porta.)			
châtier (verbo)	castigar	chatear	*embêter/ennuyer*
Ex.: *On l'a châtié pour faire un exemple.* (Castigaram-no para dar o exemplo.)			
chaussée (substantivo)	pista (parte central da rua)	calçada	*trottoir*
Ex.: *Attention, la chaussée est glissante.* (Atenção, pista escorregadia.)			
chemisette (substantivo)	camisa de mangas curtas	camiseta	*t-shirt*
Ex.: *À cause de la chaleur, pour travailler, il met une chemisette.* (Por causa do calor, para trabalhar, ele põe uma camisa de mangas curtas.)			
chichi (substantivo)	afetação/frescura	xixi	*pipi*
Ex.: *On n'est pas à l'aise chez ces gens-là, ils font trop de chichi.* (Não nos sentimos bem na casa destas pessoas, elas são "frescas" demais.)			
chiffre (substantivo)	algarismo/cifra/ montante/código	chifre	*corne*
Ex.: *Mes dépenses atteignent un chiffre élevé.* (Minhas despesas atingem um montante elevado.) *Il faut savoir le chiffre de ce message secret.* (É preciso saber o código desta mensagem secreta.)			

PRINCIPAIS DIFICULDADES ENCONTRADAS PELOS ALUNOS BRASILEIROS

A palavra	quer dizer	e não	que se traduz por
chope (substantivo)	caneca	cerveja fresca	*bière pression/demi*
Ex.: *Joseph a bu une chope de bière.* (José bebeu uma caneca de cerveja.)			
chouchou (substantivo)	queridinho/preferido	chuchu	*chayote*
Ex.: *Agnan? C'est le chouchou de la maîtresse.* (Agnan? É o queridinho da professora.)			
chute (substantivo)	queda	chute	*coup de pied*
Ex.: *Il a fait une chute de trois mètres.* (Ele fez uma queda de três metros.) *Une cascade, une cataracte sont des chutes d'eau.* (Uma cascata, uma catarata são quedas d'água.)			
cidre (substantivo)	sidra	cidra	*cédrat*
Ex.: *Le cidre est fait de jus de pomme fermenté.* (A sidra é feita de suco de maçã fermentado.)			
cigare (substantivo)	charuto	cigarro/nem cigarra	*cigarette/cigale*
Ex.: *Il fume un gros cigare, des feuilles de tabac roulées.* (Ele fuma um grande charuto, folhas de tabaco enroladas.)			
commercial (substantivo)	pessoa que trata dos serviços comerciais de uma empresa	comercial	*publicité*
Ex.: *Dans ette banque, il travaille comme commercial.* (Neste banco, ele trabalha como os serviços comerciais.)			
constipation (substantivo)	prisão de ventre	constipação	*rhume/coryza*
Ex.: *À cause de la constipation, Pierre n'a pas envie d'aller aux wc.* (Por causa da prisão de ventre, Pedro não tem vontade de ir ao banheiro.)			
concorder (verbo)	corresponder, coincidir	concordar	*s'accorder, s'entendre*
Ex.: *Les dates concordent.* (as datas coincidem.)			

A palavra	quer dizer	e não	que se traduz por
cor (substantivo)	calo e trompa	cor	*couleur*
Ex.: *Le cor est un instrument de musique à vent.* (A trompa é um instrumento de música de sopro.) *François souffre d'un cor au pied.* (Francisco sofre por causa de um calo no pé.)			
costume (substantivo)	terno, traje	costume	*moeurs, habitude, coutume*
Ex.: *Il s'est acheté un costume.* (Ele comprou um terno para ele.)			
coupe (substantivo)	taça ou corte	copo	*verre*
Ex.: *Nous avons bu une coupe de champagne.* (Bebemos uma taça de champanhe.) *Jean s'est fait une coupe de cheveux.* (João se fez cortar o cabelo.)			
couve (do verbo couver)	choca (galinha)	couve	*chou*
Ex.: *La poule couve ses oeufs, elle reste dessus jusqu'à ce qu'ils éclosent.* (A galinha choca os ovos, ela fica em cima deles até que eles saiam da casca.)			
créance (substantivo)	crédito	criança	*enfant*
Ex.: *Ces histoires méritent notre créance.* (Essas histórias merecem nosso crédito.)			
cru (substantivo)	colheita/safra	cru	*cru (adjetivo)*
Ex.: *Ce vin est un grand cru, il est renommé.* (Este vinho é de uma grande safra, ele é famoso.)			
crue (substantivo)	enchente/cheia	crua	*crue (adjetivo)*
Ex.: *La rivière est en crue, ses eaux sont très hautes.* (O rio está em cheia, suas águas estão muito altas.)			
débauche (substantivo)	devassidão, excesso, pândega	deboche	*raillerie*
Ex.: *Ces jeunes vivent dans la débauche.* (Estes jovens vivem na devassidão.)			

A palavra	quer dizer	e não	que se traduz por
décade (substantivo)	dez dias	década	*décennie*
Ex.: *Je serai en vacances dans la dernière décade de ce mois.* (Estarei de férias nos últimos dez dias deste mês.)			
décorer (verbo)	decorar um lugar mas também é condecorar	decorar	*savoir par coeur*
Ex.: *Ce ministre est décoré de la Légion d'honneur.* (Este ministro é condecorado com a Légion d'honneur.)			
dédale (substantivo)	labirinto	dedal	*dé à coudre*
Ex.: *Nous nous sommes perdus dans un dédale de petites rues.* (Nós nos perdemos num labirinto de pequenas ruazinhas.)			
défaite (substantivo)	derrota	defeito	*défaut*
Ex.: *Le match s'est terminé par la défaite de notre équipe.* (O jogo terminou com a derrota do nosso time.)			
défier (verbo)	desafiar	desfiar	*effiler*
Ex.: *Jean m'a défié de courir aussi vite que lui.* (Jean me desafiou a correr tão rápido quanto ele.)			
dégât (substantivo)	estrago/prejuízo	desgaste	*usure/détérioration*
Ex.: *L'incendie a fait des dégâts importants.* (O incêndio fez estragos importantes.)			
dégoûter (verbo)	enjoar/repugnar	desgostar	*mécontenter*
Ex.: *Cette viande est pourrie, ça me dégoûte.* (Esta carne está podre, isto me repugna.)			
demeurer (verbo)	Ficar/permanecer/morar	demorar	*tarder*
Ex.: *Il ne peut pas demeurer tranquille cinq minutes.* (Ele não pode ficar tranquilo cinco minutos.) *Où demeurez-vous?* (Onde vocês moram?)			
déparer (verbo)	Enfear	deparar	*rencontrer par hasard*
Ex.: *Ce tas d'ordures dépare le paysage.* (Este monte de lixo enfeia a paisagem.)			

A palavra	quer dizer	e não	que se traduz por
depuis (preposição ou conjunção)	desde/há	depois	*après/puis*
Ex.: *Il fait beau depuis un mois.* (Faz bom tempo há um mês.)			
désastre (substantivo)	catástofre	desastre	*accident*
Ex.: *Cette sécheresse est un désastre pour les paysans.* (Esta seca é uma catástrofe para os camponeses.)			
désastreux (adjetivo)	catastrófico	desastrado, desastroso	*maladroit/ malencontreux*
Ex.: *La récolte a été désastreuse, très mauvaise.* (A colheita foi catastrófica, muito ruim.)			
dessein (substantivo)	intenção/desígnio	desenho	*dessin*
Ex.: *Dans quel dessein as-tu fait cela?* (Com que intenção você fez isso?)			
disloquer (verbo)	desmantelar/ desmembrar	deslocar	*déplacer*
Ex.: *Le choc a disloqué la voiture.* (O choque desmantelou o carro.)			
diviser (verbo)	dividir	divisar	*apercevoir*
Ex.: *On a divisé la tarte en quatre.* (Dividiram a torta em quatro.)			
écritoire (substantivo)	escrivaninha portátil	escritório	*bureau*
Ex.: *Cette écritoire date de quel siècle?* (Esta escrivaninha data de qual século?)			

PRINCIPAIS DIFICULDADES ENCONTRADAS PELOS ALUNOS BRASILEIROS — 109

A palavra	quer dizer	e não	que se traduz por
écrivain (substantivo)	escritor	escrivão, escrevente	*greffier/clerc de notaire*
Ex.: *Victor Hugo est un grand écrivain.* (Victor Hugo é um grande escritor.)			
s'emballer (verbo)	entusiasmar-se	embalar-se	*balancer*
Ex.: *Ce film m'a emballé, il m'a beaucoup plu.* (Este filme me entusiasmou, ele me agradou muito.)			
embrasser (verbo)	beijar	abraçar	*serrer/prendre dans ses bras/étreindre*
Ex.: *Jean a embrassé ses parents avant de partir.* (João beijou os pais antes de partir.)			
encaisser (verbo)	encaixotar/cobrar/apanhar	encaixar	*emboîter/enchâsser*
Ex.: *Le boulanger encaisse le prix du pain.* (O padeiro cobra o preço do pão.)			
à l'encontre de (locução prepositiva)	contra, contrariamente a	encontro	*rencontre*
Ex.: *Son projet va à l'encontre de mes habitudes.* (O projeto dele vai contra meus hábitos.)			
enfourcher (verbo)	montar em	enforcar	*pendre quelqu'un*
Ex.: *Le cavalier enfourche son cheval.* (O cavaleiro monta no cavalo dele.)			
enjoué(e) (adjetivo)	jovial/amável/contente	enjoado	*écoeuré*
Ex.: *Marie est une fillette enjouée.* (Maria é uma menininha jovial.)			
enrôler (verbo)	alistar	enrolar	*enrouler, tromper*
Ex.: *Il s'est enrôlé dans l'armée.* (Ele se alistou no exército.)			
envie (substantivo)	inveja ou vontade	envio	*envoi*
Ex.: *Si Paul dit du mal de toi, c'est par envie.* (Se Paulo fala mal de você, é por inveja.)			

A palavra	quer dizer	e não	que se traduz por
étage (substantivo)	andar	estágio	*stage*
Ex.: *Nous habitons au premier étage, au-dessus du rez-de-chaussée.* (Nós moramos no primeiro andar, acima do térreo.)			
étalage (substantivo)	vitrine ou exposição	estalagem	*auberge*
Ex.: *Pierre regarde l' étalage du marchand de jouets.* (Pedro olha a vitrine do vendedor de brinquedos.)			
étaler (verbo)	expor/espalhar	estalar	*éclater*
Ex.: *Le poissonnier étale sa marchandise.* (O peixeiro expõe a mercadoria dele.) *Jean étale du beurre sur son pain.* (João espalha manteiga no pão.)			
exquis (e) (adjetivo)	fino/requintado/ delicioso	esquisito	*bizarre/étrange*
Ex.: *Ce repas est exquis.* (Esta refeição é fina, requintada.)			
expert (substantivo)	especialista/perito	esperto	*éveillé/rusé*
Ex.: *Il a fait évaluer ses tableaux par un expert.* (Ele fez avaliar os quadros dele por um especialista.)			
explorer	examinar, estudar	explorar	*exploiter, tirer profit, abuser, voler*
Ex.: *Des savants ont exploré cette région inconnue.* (Sábios estudaram/examinaram esta região desconhecida.)			
fada (substantivo)	tolo, boboca (no sul da França)	fada	*fée*
Ex.: *Quel fada, ce Paul!* (Que bobo este Paulo!)			
fade (adjetivo)	insípido	fada	*fée*
Ex.: *Cet aliment est fade, il manque de goût.* (Este alimento é insípido, falta gosto.)			

A palavra	quer dizer	e não	que se traduz por
fagot (substantivo)	feixe de lenha	fagote	*basson*
Ex.: *Mets un fagot dans la cheminée.* (Coloque um feixe de lenha na lareira.)			
fait-tout (substantivo)	caldeirão/panela grande	faz-tudo	*factotum*
Ex.: *La soupe cuit dans le fait-tout.* (A sopa cozinha no caldeirão.)			
farder (verbo)	maquiar/disfarçar	fardar	*habiller d'uniforme*
Ex.: *Cette belle fille ne se farde pas.* (Esta bela moça não se maquia.)			
fiel (substantivo)	fel	fiel	*fidèle*
Ex.: *La réponse était pleine de fiel.* (A resposta era cheia de fel, de maldade.)			
se fier (verbo)	confiar	fiar	*vendre à crédit*
Ex.: *Je me fie à Joseph, j'ai confiance en lui.* (Eu confio em José, tenho confiança nele.)			
fonte (substantivo)	derretimento/fundição	fonte	*fontaine*
Ex.: *Avril est l'époque de la fonte des neiges.* (Abril é a época do derretimento das neves.)			
fougue (substantivo)	ardor, ímpeto, veemência	fuga	*fugue/fuite*
Ex.: *Il a parlé avec fougue.* (Ele falou com veemência.)			
fracas (substantivo)	barulho/estrondo	fracasso	*fiasco/échec*
Ex.: *L'arbre tombe avec fracas.* (A ávore cai com barulho.)			

A palavra	quer dizer	e não	que se traduz por
fumier (substantivo)	estrume/lixo	fumeiro	*fumoir/cheminée*
Ex.: *Un tas de fumier est dans la cour de la ferme.* (Um monte de estrume está no quintal da fazenda.)			
gale (substantivo)	sarna	gala	*gala*
Ex.: *La gale est une maladie de peau contagieuse.* (A sarna é uma doença de pele contagiosa.)			
garce (substantivo)	prostituta/mulher/má	garça	*héron*
Ex.: *Ah! La garce, elle m'a eu!* (Ah! A mulher malvada, ela me enganou!)			
Genève (substantivo)	Genebra	Gênova	*Gênes*
gâteau (substantivo)	bolo	gato	*chat*
Ex.: *Au dessert, nous mangeons un gâteau au chocolat.* (Na sobremesa, comemos um bolo de chocolate.) *Quel joli cadeau! Tu me gâtes.* (Que bonito presente! Você está me mimando.)			
gêne (substantivo)	mal-estar/ constrangimento	gene	*gène*
Ex.: *Il n'y a pas de gêne entre amis.* (Não há mal-estar, constrangimento entre amigos.)			
genre (substantivo)	gênero, tipo, espécie	genro	*gendre/beau-fils*
Ex.: *Aimez-vous ce genre de chaussures?* (Você gosta deste tipo de calçados?) *La "table" est du genre feminin, le "crayon" est du genre masculin.* (A "mesa" é do gênero feminino, o "lápis" é do gênero masculino.)			

PRINCIPAIS DIFICULDADES ENCONTRADAS PELOS ALUNOS BRASILEIROS

A palavra	quer dizer	e não	que se traduz por
gilet (substantivo)	colete	gilete	*lame de rasoir*
Ex.: *Elle a mis un gilet de laine sous son manteau.* (Ela pôs um colete de lã sob o casacão.)			
glande (substantivo)	glândula	glande	*gland/le fruit du chêne*
Ex.: *Le foie est une glande.* (O fígado é uma glândula.)			
gourde (substantivo)	cantil (fig.: pateta, imbecil)	gordo	*gros*
Ex.: *Il a emporté de quoi boire dans une gourde.* (Ele levou do que beber num cantil.) *Daniel s'est trompé d'adresse: quelle gourde!* (Daniel se enganou de endereço: que pateta!)			
grade (substantivo)	grau (bacharel)/ patente (coronel)	grade	*grille*
Ex.: *Le grade de lieutenant est immédiatement inférieur à celui de capitaine.* (A patente de tenente é imediatamente inferior àquela de capitão.)			
grange (substantivo)	celeiro	granja	*ferme*
Ex.: *Les fermiers ont rentré le foin dans la grange.* (Os fazendeiros entraram com o feno no celeiro.)			
greler (verbo)	cair granizo	grelar (brotar, germinar)	*germer*
Ex.: *Au sud du Brésil, il grêle souvent.* (No sul do Brasil, cai granizo com frequência.)			
gravats (substantivo)	entulho	gravata	*cravate*
Ex.: *Après avoir démoli la maison, les ouvriers ont enlevé les gravats.* (Após terem demolido a casa, os operários tiraram os entulhos.)			
grossesse (substantivo)	gravidez	grossura	*grosseur/ grossièreté*
Ex.: *La grossesse de la femme dure neuf mois.* (A gravidez da mulher dura nove meses.)			

A palavra	quer dizer	e não	que se traduz por
guère (advérbio)	pouco/raramente/quase nada	guerra	*guerre*
Ex.: *Je n'aime guère la viande.* (Gosto pouco de carne.)			
hâle (substantivo)	bronzeado de pele	halo	*halo*
Ex.: *Au hâle de son visage, on voit qu'il revient de vacances.* (Pelo bronzeado do rosto dele, vemos que ele volta de férias.)			
hasard (substantivo)	acaso/ocasião	azar	*malchance*
Ex.: *Jean a profité d'un hasard heureux.* (João aproveitou-se de uma ocasião feliz.) *La loterie est un jeu de hasard, où l'on ne peut pas prévoir qui gagnera.* (A loteria é um jogo do acaso, onde não se pode prever quem ganhará.)			
hospice (substantivo)	asilo de velhos ou de órfãos	hospício	*asile d'aliénés*
Ex: *Son grand-père est dans un hospice de vieillards.* (O avô dele está num asilo de velhos.)			
immonde (adjetivo)	imundo mas também repugnante, imoral	apenas imundo	*sale, malpropre*
Ex: *Cet homme politique est un être immonde.* (Este político é um ser repugnante, de uma baixeza sórdida.)			
jante (substantivo)	aro (de roda)	jantar	*dîner*
Ex: *La jante d'une roue de vélo est le cercle sur lequel le pneu est fixé.* (O aro de uma roda de bicicleta é o círculo sobre o qual o pneu está fixado.)			
jaser (verbo)	tagarelar/bisbilhotar	jazer	*gésir/être couché*
Ex: *Marie reçoit beaucoup d'amis, ça fait jaser les voisins.* (Maria recebe muitos amigos, isso faz bisbilhotar os vizinhos.)			
joie (substantivo)	alegria	joia	*bijou/joyau*
Ex: *C'est avec joie que j'accepte ton invitation.* (É com alegria que eu aceito teu convite.)			

A palavra	quer dizer	e não	que se traduz por
journée (substantivo)	duração do dia/diária	jornada	*voyage terrestre*
Ex: *Bonne journée!* (Bom dia todo!) *La journée m'a paru courte.* (O dia me pareceu curto.)			
jument (substantivo)	égua	jumento(a)	*âne*
Ex: *Voilà la jument avec son poulain.* (Aí está a égua com seu potro.)			
jus (substantivo)	suco	jus	*droit (substantivo)*
Ex: *J'ai bu du jus d'orange.* (Eu bebi suco de laranja.)			
labour (substantivo)	lavoura	labor	*labeur*
Ex: *C'est la saison des labours.* (É a estação da lavoura.)			
ladre (substantivo)	avarento/pão-duro	ladrão/ladra	*voleur/voleuse*
Ex: *C'est un ladre, c'est homme-là.* (É um pão-duro aquele homem.)			
laiton (substantivo)	latão	leitão	*cochon de lait*
Ex: *Le laiton est un alliage de cuivre et de zinc de couleur jaune.* (O latão é uma liga de cobre e zinco de cor amarela.)			
lame (substantivo)	lâmina/onda	lama	*boue*
Ex: *Il faut aiguiser la lame du couteau.* (É preciso amolar a lâmina da faca.)			

A palavra	quer dizer	e não	que se traduz por
légende (substantivo)	lenda	legenda	*sous-titre/parti politique*
Ex: *Ma grand-mère me raconte souvent de vieilles légendes bretonnes.* (Minha avó me conta frequentemente velhas lendas bretãs.)			
leste (adjetivo)	lépido/licensioso/ inconveniente	leste	*est*
Ex: *Ce gamin est leste comme un singe.* (Este garoto é lépido como um macaco.)			
lest (substantivo)	lastro	leste	*est*
Ex: *On lâche du lest pour que le ballon s'élève plus haut.* (Afrouxamos o lastro para que o balão levante mais alto.)			
lever (verbo)	levantar	levar	*porter/emporter*
Ex: *Levez le bras droit!* (Levante o braço direito.) *En été, le soleil se lève tôt.* (No verão, o sol se levanta cedo.)			
lèvre (substantivo)	lábio	lebre	*lièvre*
Ex: *Elle se met du rouge sur les lèvres.* (Ela põe batom vermelho nos lábios.)			
libre (verbo)	livre	libra	*livre (moeda ou peso)*
Ex: *Ce soir je ne suis pas libre, j'ai un dîner.* (Esta noite não estou livre, tenho um jantar.)			
livrer (verbo)	entregar	livrar	*délivrer*
Ex: *Le coupable a été livré à la police.* (O culpado foi entregue à polícia.)			

A palavra	quer dizer	e não	que se traduz por
louve (substantivo)	loba	luva	*gant*
	Ex.: *La louve est la femelle du loup.* (A loba é a fêmea do lobo.)
limon (substantivo)	limo/aluvião	limão	*citron*
	Ex: *Le limon du Nil fertilise l'Egypte.* (O aluvião do Nilo fertiliza o Egito.)
loge (substantivo) cubículo ou quarto	camarote/camarim lugar onde mora o porteiro	loja	*magasin*
	Ex.: *La loge du concierge est près de l'entrée de l'immeuble.* (O quarto do porteiro é perto da entrada do edifício.) *La loge d'un artiste est la pièce où il s'habille et se maquille.* (O camarim de um artista é o lugar onde ele se veste e se maquia.) *J'ai loué une loge au théâtre.* (Aluguei um camarote no teatro.)
macaron (substantivo)	biscoito de amêndoa	macarrão	*macaroni*
	Ex: *Maman a fait des macarons pour le dessert.* (Mamãe fez biscoitos para a sobremesa.)
mais (conjunção)	mas	mais	*plus*
	Ex: *Il est intelligent mais très paresseux.* (Ele é inteligente mas muito preguiçoso.)
maïs (substantivo)	milho	mais	*plus*
	Ex: *Jean a mangé du maïs grillé.* (João comeu milho grelhado.)
maison (substantivo)	casa	mansão	*hôtel particulier*
	Ex: *Les Dubois habitent dans une belle maison.* (Os Dubois moram numa bela casa.)

A palavra	quer dizer	e não	que se traduz por
mâle (substantivo)	macho	mala	*malle/valise*
Ex: *Le coq est le mâle de la poule.* (O galo é o macho da galinha.)			
manche (substantivo)	manga/partida (jogo)	mancha	*tache*
Ex: *J'ai une chemise à manches longues.* (Tenho uma camisa de mangas compridas.) *Pierre a perdu la première manche, mais il a gagné la revanche.* (Pedro perdeu a primeira partida, mas ele ganhou a desforra.)			
manche (substantivo)	cabo (de faca, por ex.)	mancha	*tache*
Ex: *Prends le couteau par le manche, pas par la lame.* (Pegue a faca pelo cabo, não pela lâmina.)			
manette (substantivo)	alavanca manual	maneta	*manchot*
Ex: *Appuie sur cette manette pour mettre l'appareil en route.* (Apoie nesta alavanca para pôr o aparelho em marcha.)			
manger (verbo)	comer	manjar (gíria)	*pieger comprende découvrir*
Ex.: *Paul mange trop.* (Paulo come demais.)			
manger (substantivo)	comida (popular)	manjar	*mets délicat*
Ex: *Elle prépare le manger des enfants.* (Ela prepara a comida das crianças.)			
manquer (verbo)	faltar/não atingir/perder	mancar	*boiter*
Ex: *En cette période de sécheresse, l'eau manque.* (Neste período de seca, a água falta.) *Le gardien de but a manqué la balle.* (O goleiro não atingiu/perdeu a bola.)			

A palavra	quer dizer	e não	que se traduz por
marchand (substantivo)	comerciante (não só de quadros)	marchant	*marchand aux bestiaux*
	Ex: *Ce monsieur est marchand de chaussures.* (Este senhor é comerciante de sapatos.)		
mas (substantivo)	fazenda (no sul da França)	mas	*mais, cependant*
	Ex: *En Provence, un mas est une ferme.*		
mater (verbo)	domar/dar xeque-mate/espiar (gíria)	matar	*tuer*
	Ex: *Il voulait résister mais on l'a maté.* (Ele queria resistir mas o dominamos.)		
mêler (verbo)	misturar	melar	*emmieller*
	Ex: *Le chat a mêlé les fils du tricot.* (O gato misturou os fios de tricô.)		
menteur (substantivo)	mentiroso	mentor	*mentor*
	Ex: *On ne doit pas être menteur.* (Não se deve ser mentiroso.)		
mercerie (substantivo)	armarinho	mercearia	*épicerie*
	Ex: *Dans une mercerie, on peut acheter du fil, des boutons, des rubans.* (Num armarinho, pode-se comprar linha, botões e fitas.)		
mesure (substantivo)	medida/compasso (música)	mesura	*révérence/salut*
	Ex.: *L'heure est l'unité de mesure du temps.* (A hora é a unidade de medida do tempo.) *Tu ne joues pas en mesure.* (Você não toca no ritmo, no compasso.) *Il faut prendre des mesures énergiques contre le chômage.* (É preciso tomar medidas enérgicas contra o desemprego.)		

A palavra	quer dizer	e não	que se traduz por
mettre (se) ... à (verbo)	pôr-se a.../ começar a...	meter-se	*se mêler de/ s'entremettre*
Ex.: *Pierre s'est mis à pleurer.* (Pedro começou a chorar.) *Mon fils se met à côté de moi.* (Meu filho se põe ao meu lado.)			
milliard (substantivo)	bilhão	milhar	*millier*
Ex.: *Il y a environ 3 milliards d'hommes sur la terre.* (Há aproximadamente 3 bilhões de homens na Terra.)			
minerai (substantivo)	minério	minerais	*minéraux*
Ex.: *Ce géologue connaît bien les minerais de fer, de cuivre, d'uranium.* (Este geólogo conhece bem os minérios de ferro, de cobre, de urânio.)			
mite (substantivo)	traça	mito	*mythe*
Ex.: *Cette couverture a des trous de mites.* (Este cobertor tem buracos de traças.)			
moelle (substantivo)	medula/tutano	moela	*gésier*
Ex.: *La moelle des os, c'est la substance molle et grasse qui se trouve dedans.* (A medula dos ossos é a substância mole e gordurosa que se acha dentro.)			
morne (adjetivo)	triste/melancólico/ abatido	morno	*tiède*
Ex.: *Nous avons passé une morne journée.* (Nós passamos um dia triste.)			
morose (adjetivo)	triste, casmurro	moroso	*lent*
Ex.: *Pourquoi as-tu cet air morose?* (Por que você tem este ar triste?)			

A palavra	quer dizer	e não	que se traduz por
notice (substantivo)	bula	notícia	*nouvelle*
Ex.: *Cet appareil est vendu avec une notice, un texte qui explique comment s'en servir.*			
nouvelle (substantivo)	notícia	novela	*feuilleton*
Ex.: *On est sans nouvelles de Pierre.* (Estamos sem notícias de Pedro.)			
obsèques (substantivo)	exéquias	obséquios	*faveurs/bons offices*
Ex.: *Les obsèques de son grand-père ont lieu demain.* (As exéquias do avô dele acontecem amanhã.)			
officine (substantivo)	farmácia	oficina	*atelier/garage/usine*
Ex.: *L'officine, c'est le laboratoire annexé à une pharmacie où sont préparés certains produits.* (É o laboratório anexado a uma farmácia onde são preparados certos produtos.)			
ombre (substantivo)	sombra	ombro	*épaule*
Ex.: *Mets-toi à l'ombre de cet arbre, ne reste pas au soleil.* (Ponha-se na sombra desta árvore, não fique ao sol.)			
ordinateur (substantivo)	computador	ordenador	*ordonnateur*
Ex.: *J'ai acheté un nouvel ordinateur très avancé.* (Comprei um novo computador muito avançado.)			
outre (substantivo)	odre	outro(a)	*autre*
Ex.: *Une outre, c'est une peau de bouc cousue en forme de sac, pour conserver et transporter des liquides.* (É uma pele de bode cosida em forma de saco, para conservar e transportar líquidos.)			
outre (advérbio)	além	outro(a)	*autre*
Ex.: *Outre leur chien, ils ont deux chats.* (Além do cachorro, eles têm dois gatos.) *Il est arrivé en retard, et en outre il ne s'est pas excusé.* (Ele chegou atrasado, e além disso ele não se desculpou.)			

A palavra	quer dizer	e não	que se traduz por
palabre (substantivo)	palavrório/parlatório	palavra	*mot/parole*
Ex.: *Ces palabres m'ennuient, ces longues discussions sans intérêt.* (Estes palavrórios me entediam, estas longas discussões sem interesse.)			
palmarès (substantivo)	quadro de honra	palmares, palmerais	*palmeraies*
Ex.: *Ce joueur est au palmarès du championnat.* (Este jogador figura no quadro de honra do campeonato.)			
pan (substantivo)	aba (de roupa), face (de muro)	pano	*étoffe/torchon.*
Ex.: *Jacques m'a retenu par un pan de mon manteau.* (Jacques me reteve por uma aba do meu casacão.)			
paon (substantivo)	pavão	pão	*pain*
Ex.: *Il y a des paons magnifiques dans le parc du château.* (Há pavões magníficos no parque do castelo.)			
pansement (substantivo)	curativo	pensamento	*pensée*
Ex.: *Xavier est guéri, on a enlevé ses pansements.* (Xavier está curado, tiraram os curativos dele.)			
paquet (substantivo)	pacote/embrulho	paquete	*paquebot*
Ex.: *Le facteur a apporté un paquet.* (O carteiro trouxe um pacote.)			
pareil (le) (adjetivo)	parecido (a), semelhante	parelha	*couple/attelage*
Ex.: *Ces deux statues sont pareilles.* (Estas duas estátuas são parecidas.)			

A palavra	quer dizer	e não	que se traduz por
parer (verbo)	enfeitar	parar	*arrêter*
Ex.: *Marie s'est parée de sa plus belle robe.* (Maria se enfeitou com seu mais belo vestido.)			
partir (verbo)	ir embora	partir	*casser/briser*
Ex.: *Jeanne veut partir demain pour Paris.* (Joana quer ir embora/partir amanhã para Paris.)			
pâte (substantivo)	massa, pasta (alimentícia)	pata	*cane/patte*
Ex.: *Alain sait préparer une excellente pâte à crêpes.* (Alain sabe preparar uma excelente massa de panqueca.)			
pauvresse (substantivo)	mulher pobre/ mendiga	pobreza	*pauvreté*
Ex.: *Ayez pitié de cette pauvresse.* (Tenha piedade desta mendiga.)			
paysan (substantivo)	camponês	paisano	*civil*
Ex.: *On a passé les vacances chez des paysans.* (Passamos as férias na casa de camponeses.)			
pelle (substantivo)	pá	pele	*peau*
Ex.: *Les ouvriers déchargent le camion de sable avec de pelles.* (Os operários descarregaram o caminhão de areia com pás.)			
pente (substantivo)	declive	pente	*peigne*
Ex.: *Attention! La route est en pente.* (Atenção! A estrada é em declive.)			
pépin (substantivo)	semente (de fruta)/ problema/ guarda-chuva (gíria)	pepino	*concombre*
Ex.: *Les pommes et les poires ont des pépins.* (As maçãs e as peras têm sementes.)			

A palavra	quer dizer	e não	que se traduz por
péquenot (substantivo)	camponês (popular e pejorativo)	pequeno	*petit*
Ex.: *Un tas de péquenots travaillent dans ce champ.* (Um monte de camponeses trabalha neste campo.)			
pipe (substantivo)	cachimbo	pipa	*cerf-volant/ tonneau, citerne*
Ex.: *Georges Brassens fumait la pipe.* (Georges Brassens fumava cachimbo.)			
papa (substantivo)	papai	papa	*pape/bouillie*
Ex.: *Bonjour, papa! Tu as bien dormi?* (Bom dia, papai! Você dormiu bem?)			
plant (substantivo)	muda/viveiro de plantas novas	planta	*plante*
Ex.: *M. Dumont a acheté des plants de tomate.* (Sr. Dumont comprou mudas de tomate.)			
poltronne (adjetivo feminino)	covarde (feminino)	poltrona	*fauteuil*
Ex.: *Isabelle est une poltronne, elle manque de courage.* (Isabel é uma covarde, falta-lhe coragem.)			
ponte (substantivo masculino)	bamba, bambambã (fam.)	ponte	*pont*
Ex.: *La poule chante après la ponte.* (A galinha canta após a postura.)			
ponte (substantivo)	postura (de ovos)	ponte	*pont*
Ex.: *La poule chante après la ponte.* (A galinha canta após a postura.)			

PRINCIPAIS DIFICULDADES ENCONTRADAS PELOS ALUNOS BRASILEIROS 125

A palavra	quer dizer	e não	que se traduz por
potence (substantivo)	forca	potência	*puissance*
Ex.: *Autrefois, on envoyait les condammés à mort à la potence.* (Antigamente, enviavam-se os condenados à morte na forca.)			
pourtant (advérbio)	entretanto	portanto	*donc/par conséquent*
Ex.: *Il est malade, pourtant il est venu.* (Ele está doente, entretanto ele veio.)			
pousser (verbo)	empurrar	puxar	*tirer*
Ex.: *Marie est tombée quand Pierre l'a poussée.* (Maria caiu quando Pedro a empurrou.)			
pousser **(verbo)**	crescer (planta/criança)	puxar	*tirer*
Ex.: *Je fais pousser des fleurs sur mon balcon.* (Faço crescer (cultivo) flores na minha sacada.)			
prendre (verbo)	pegar/tomar	prender	*arrêter (un bandit)*
Ex.: *Le pêcheur a pris un poisson.* (O pescador pegou um peixe.) *Je prends l'autobus tous les jours.* (Eu tomo o ônibus todos os dias.) *Tu me prends pour qui?* (Você me toma por quem?) *Ce travail m'a pris quelques jours.* (Este trabalho me tomou alguns dias.)			
presse (substantivo)	imprensa/prensa hidráulica	pressa	*hâte/précipitation*
Ex.: *La presse a annoncé un tremblement de terre en Orient.* (A imprenssa anunciou um tremor de terra no Oriente.)			
prestation (substantivo)	prestação de serviço, cerimôna, formalidade, e também o fato de um artista ou esportista se exibir/se apresentar em público	prestação	*paiement en termes, vente à crédit*
Ex.: *La presse a annoncé un tremblement de terre en Orient.* (A imprenssa anunciou um tremor de terra no Oriente.)			

A palavra	quer dizer	e não	que se traduz por
prime (substantivo)	prêmio/brinde	primo(a)	*cousin(e)*
Ex.: *À la fin de l'année, les employés reçoivent une prime.* (No fim do ano, os empregados recebem um prêmio.)			
primeur (substantivo)	primeiro fruto (fruto temporão, legume temporão)	primor	*perfection*
Ex.: *Ce journaliste a reservé la primeur de l'information à son directeur de revue.* (Este jornalista reservou a novidade (a primazia) da informação para o diretor da revista.) *On cultive des primeurs (no plural) dans ces serres.* (Cultivam frutos, legumes temporões nestas estufas.)			
primevère (substantivo)	prímula (flor)	primavera	*printemps*
Ex.: *Les primevères poussent au printemps.* (As prímulas crescem na primavera.)			
principe (substantivo)	princípio	príncipe	*prince*
Ex.: *Il ne fume pas, c'est contraire à ses principes.* (Ele não fuma, é contrário a seus princípios.)			
prise (substantivo)	tomada	presa	*proie*
Ex.: *Branche cette lampe à la prise.* (Ligue este abajur na tomada.)			
procurer (verbo)	arranjar/causar (alegria)	procurar	*chercher*
Ex.: *Est-ce que tu pourrais me procurer ce dictionnaire?* (Você poderia me arranjar este dicionário?)			
programme	programação	programa	*émission*
Ex.: *Nous achetons toutes les semaines le programme de la télévision, la liste des émissions.* (Nós compramos todas as semanas a programação da televisão.)			
quartier (substantivo)	bairro	quarteirão	*pâté de maisons*
Ex.: *Dans quel quartier de Paris aimerais-tu habiter?* (Em qual bairro de Paris você gostaria de morar?)			

PRINCIPAIS DIFICULDADES ENCONTRADAS PELOS ALUNOS BRASILEIROS   127

A palavra	quer dizer	e não	que se traduz por
quelque (adjetivo indefinido)	algum	qualquer	*n'importe quel/ quelconque n'importe qui/n'importe où/ n'importe comment*
Ex.: *Il a dit quelques mots et il est parti.* (Ele disse algumas palavras e foi embora.)			
quitter (verbo)	deixar/abandonar/ tirar (roupa)	quitar	*acquitter (une dette)*
Ex.: *François et Vivianne se sont quittés sans se dire au revoir.* (Francisco e Viviane se deixaram sem se despedir.)			
râle (substantivo)	estertor	ralo	*crépine/bonde*
Ex.: *Le râle est un bruit produit par les poumons.* (O estertor é um barulho produzido pelos pulmões.)			
râler (verbo)	estertorar/resmungar	ralar	*râper/tracasser*
Ex.: *Les mourants râlent.* (Os moribundos estertoram.) *Arrête de râler!* (Pare de resmungar!)			
rame (substantivo)	remo/resma de papel	rama/ramo	*feuillage/rameau/ bouquet*
Ex.: *Un bateau à rames est manoeuvré par la force des bras.* (Um barco a remo é manobrado pela força dos braços.) *J'ai acheté une rame de papier pour mon imprimante.* (Comprei uma resma de papel para a minha impressora.)			
ranger *(verbo)*	arrumar	ranger	*grincer/craquer*
Ex.: *Il faudrait ranger tous ces papiers.* (Seria necessário arrumar todos estes papéis.)			

A palavra	quer dizer	e não	que se traduz por
récit (substantivo)	narrativa	receita	*recette/ ordonnance (médicale)*
Ex.: *Georges m'a fait le récit de son voyage.* (Jorge me fez a narrativa de sua viagem.)			
réclamer (se) de ... (verbo)	exigir/apoiar-se em/invocar testemunho	reclamar	*se plaindre/ protester*
Ex.: *Pierre m'a réclamé ce qu'il m'avait prêté.* (Pedro me exigiu o que ele tinha me emprestado.) *Pour obtenir cet emploi, il s'est réclamé de son député.* (Para obter este emprego, ele apoiou-se no deputado dele.)			
réfection (substantivo)	conserto/reparação	refeição	*repas*
Ex.: *La route est en réfection.* (A estrada está em conserto.)			
rejoindre (verbo)	alcançar/voltar/ir encontrar/reunir	rejuntar	*rejointer*
Ex.: *Rejoignez votre place!* (Volte para seu lugar!) *Nos routes se rejoignent.* (Nossas estradas se encontram.)			
remarquable (adjetivo)	notável	remarcável	*marqué de nouveau*
Ex.: *As-tu remarqué ma nouvelle robe?* (Você notou meu vestido novo?)			
remettre (se) (verbo)	restabelecer-se/ recomeçar	remeter-se	*se rendre (à l'ennemi)*
Ex.: *Jean s'est remis à parler.* (João recomeçou a falar.) *Remets-toi vite!* (Restabeleça-se rápido!) *Après ma maladie, j'ai mis longtemps à me remettre.* (Após minha doença, levei muito tempo para me restabelecer.)			

PRINCIPAIS DIFICULDADES ENCONTRADAS PELOS ALUNOS BRASILEIROS

A palavra	quer dizer	e não	que se traduz por
rencontre (substantivo)	encontro	reencontro	*retrouvailles*
Ex.: *Heureusement, il est venu à ma rencontre.* (Felizmente, ele veio ao meu encontro.)			
rendre (verbo)	devolver/restituir/ produzir/ir	render	*vaincre/neutraliser*
Ex.: *Rends-moi le livre que je t'ai prêté.* (Devolva-me o livro que te emprestei.) *Nous nous sommes rendus à Lyon.* (Nós fomos a Lyon.) *Ces oranges rendent beaucoup de jus.* (Estas laranjas produzem muito suco.)			
rente (substantivo)	renda/rendimento	rente	*ras(e)*
Ex.: *Ma grand-mère vit des rentes.* (Minha avó vive de rendas.)			
repartir (verbo)	tornar a partir, replicar	repartir	*répartir*
Ex.: *Arrivés à midi, nous sommes repartis à deux heures.* (Chegamos ao meio-dia, tornamos a partir às duas horas.)			
retrait (substantivo)	retirada/ encolhimento/recuo	retrato	*portrait*
Ex.: *Cette infraction est punie par le retrait du permis de conduire.* (Esta infração é punida com a retirada da carteira de habilitação.) *Le retrait du mortier, de l'argile, de l'acier.* (O encolhimento da argamassa, da argila, do aço.)			
retraite (substantivo)	retirada/ aposentadoria	retrata, retrete	*orcheste/cabinet d'aisance*
Ex.: *Maintenat, il touche une bonne retraite.* (Agora, ele recebe uma boa aposentadoria.) *L'armée américaine bat en retraite.* (O exército americano bate em retirada.)			

A palavra	quer dizer	e não	que se traduz por
rôder (verbo)	rondar/amaciar (um motor)	rodar	*rouler/tourner*
Ex.: *Il met beaucoup de soin à rôder son moteur.* (Ele tem muito cuidado em amaciar o motor dele.) *Il y a des chiens qui rôdent dans la rue.* (Há cachorros que rondam na rua.)			
rôle (substantivo)	papel (a desempenhar)	rolo	*rouleau*
Ex.: *Napoléon a joué un rôle important dans l'histoire française.* (Napoleão representou um papel importante na história francesa.)			
roman (substantivo)	romance/romântico	romano (adjetivo)	*romain*
Ex.: *Ce roman est très intéressant.* (Este romance é muito interessante.)			
romance (substantivo)	canção sentimental	romance	*roman*
Ex.: *Marie chante une romance bretonne.* (Maria canta uma canção bretã.)			
roseau (substantivo)	caniço	rosa	*rose*
Ex.: *André s'est fait une flûte en roseau.* (André fez uma flauta de caniço.)			
route (substantivo)	estrada/rodovia	rota	*direction*
Ex.: *Nous sommes allés à Lyon par la route nationale.* (Nós fomos a Lyon pela estrada nacional.)			
risquer (verbo)	arriscar	riscar	*rayer/tracer/ frotter*
Ex.: *Il a risqué sa vie pour me sauver.* (Ele arriscou a vida para me salvar.)			
rumeur (substantivo)	boato, mas também rumor	rumor	*bruit*
Ex.: *On dit qu'il s'est marié, mais ce n'est qu'une rumeur.* (Dizem que ele se casou, mas é apenas um boato.)			

A palavra	quer dizer	e não	que se traduz por
sable (substantivo)	areia	saibro	*gravier*
Ex.: *La plage est couverte de sable.* (A praia é coberta de areia.)			
sale (adjetivo)	sujo	sala nem salão	*salle et salon*
Ex.: *Tu as les mains sales, lave-les.* (Você está com/tem as mãos sujas, lave-as.)			
salir (verbo)	sujar	sair	*sortir*
Ex.: *Comme ça, tu vas salir tes gants.* (Assim, você vai sujar suas luvas.)			
saucisse (substantivo)	linguiça	salsicha	*saucisse de Francfort/ hot-dog*
Ex.: *J'ai mangé une saucisse avec des frites.* (Comi uma linguiça com batatas fritas.)			
sécréter (verbo)	segregar	segredar	*chuchoter à l'oreille*
Ex.: *Les glandes salivaires sécrètent la salive.* (As glândulas salivares segregam a saliva.)			
scénario (substantivo)	roteiro	cenário	*décor*
Ex.: *Le scénario de ce film a été écrit par Marguerite Duras.* (O roteiro deste filme foi escrito por Marguerite Duras.)			
serre (substantivo)	estufa	serra	*scie/chaîne de montagnes*
Ex.: *Ces plantes poussent en serre.* (Estas plantas crescem em estufas.)			

A palavra	quer dizer	e não	que se traduz por
serrer (verbo)	apertar	serrar	*scier*
Ex.: *Les enfants se serrent sur le banc.* (As crianças se apertam no banco.)			
serrure (substantivo)	fechadura	serradura	*sciure*
Ex.: *La clé? Elle est dans la serrure.* (A chave? Ela está na fechadura.)			
sobre (adjetivo)	sóbrio	sobre	*sûr*
Ex.: *Ce monsieur est sobre, il évite de trop boire et manger.* (Este senhor é/está sóbrio, ele evita beber demais e comer.) *Papa porte un costume sobre.* (Papai usa um terno sóbrio.)			
sol (substantivo)	solo/chão/mas também a nota sol	sol	*soleil*
Ex.: *L'enfant est assis sur le sol de la chambre.* (A criança está sentada no chão do quarto.) *Sol est la cinquième note de la gamme.* (Sol é a quinta nota da escala.)			
sole (substantivo)	linguado	sola	*semelle*
Ex.: *La sole est un poisson de mer.* (O linguado é um peixe de mar.)			
sombre (adjetivo)	sombrio/escuro/triste	sombra	*ombre*
Ex.: *Jacques porte un costume vert sombre.* (Jacques usa um terno verde-escuro.) *Tu as l'air sombre.* (Você está com um ar triste.)			

A palavra	quer dizer	e não	que se traduz por
somme (substantivo)	soneca/soma	soma	*addition/total*
Ex.: *Le bébé a fait un somme.* (O bebê tirou uma soneca.) *J'ai une grosse somme à payer.* (Tenho uma grande soma a pagar.)			
soupape (substantivo)	válvula	sopapo	*gifle/tape/claque*
Ex.: *Les moteurs de voiture ont des soupapes.* (Os motores de carro têm válvulas.)			
stylo (substantivo)	caneta	estilo	*style*
Ex.: *J'écris avec un stylo bleu.* (Escrevo com uma caneta azul.)			
subir (verbo)	submeter-se/sofrer	subir	*monter*
Ex.: *J'ai subi l'opération de l'appendicite.* (Submeti-me a uma operação de apendicite.) *La maison a subi des dégâts.* (A casa sofreu estragos)			
tâcher de... (verbo)	esforçar-se/tentar/ tratar de	tachar	*blâmer*
Ex.: *Je tâcherai d'être là à 8 heures.* (Tentarei estar lá às 8 horas.)			
tacher (verbo)	sujar/manchar	tachar	*blâmer*
Ex.: *J'ai taché ma chemise.* (Manchei minha camisa.)			

A palavra	quer dizer	e não	que se traduz por
taper (verbo)	bater/pedir dinheiro	tapar	*boucher*
	Ex.: *Tu sais taper à la machine?* (Sabe bater à máquina?) *Je tousse, tape-moi dans le dos pour que ça passe.* (Eu estou tossindo, bata-me nas costas para que isso passe.)		
tasse (substantivo)	xícara	taça	*coupe*
	Ex.: *J'ai cassé une tasse à thé.* (Quebrei uma xícara de chá.)		
terme (adjetivo)	sem brilho/ embaciado	terno	*tendre/costume*
	Ex.: *Tes cheveux sont ternes.* (Teus cabelos estão sem brilho.)		
terroir (substantivo)	terrinha/região	terreiro	*terrasse/place*
	Ex.: *Mon père parlait avec l'accent de son terroir natal.* (Meu pai falava com o sotaque de sua terra natal.)		
tête (substantivo)	cabeça/cara	testa	*front*
	Ex.: *Je me suis fait mal à la tête.* (Eu me machuquei na cabeça.)		
tique (substantivo)	carrapato	tique	*tic*
	Ex.: *Ce chien a des tiques.* (Este cachorro tem carrapatos.)		
tirade (substantivo)	fala extensa	tirada	*gag*
	Ex.: *La tirade du nez, dans le "Cyrano de Bergerac", je la savais par coeur.* (A fala do nariz, em "Cyrano de Bergerac", eu a sabia de cor.)		

A palavra	quer dizer	e não	que se traduz por
toutefois (advérbio)	entretanto	toda vez	*toutes les fois*
	Ex.: *Si toutefois vous ne pouviez venir, prévenez-moi.* (Se entretanto você não puder vir, previna-me.)
trace (substantivo)	traço/vestígio/ marca/pista	traça	*mite*
	Ex.: *On voit des traces de pas dans la neige.* (Vemos marcas de passos na neve.)
tract (substantivo)	panfleto	trato	*accord/traitement/ nourriture*
	Ex.: *Les manifestants distribuaient des tracts.* (Os manifestantes distribuíam panfletos.)
traire (verbo)	ordenhar	trair	*trahir*
	Ex.: *La fermière trait ses vaches.* (A fazendeira ordenha as vacas.)
trêve (substantivo)	trégua	treva(s)/trevo	*ténèbres/trèfle*
	Ex.: *Pendant la trêve de Noël, les combats se sont arrêtés.* (Durante a trégua de Natal, os combates pararam.)
trillion (substantivo)	um milhão de trilhões	trilhão	*billion*
	Ex.: *Un trillion ou 10^{18}.* (Um trilhão ou 10^{18}.)
troc (substantivo)	troca	troco	*monnaie*
	Ex.: *Faire du troc, c'est échanger un objet contre un autre, sans donner d'argent.* (Fazer uma troca é trocar um objeto por outro, sem dar dinheiro.)

A palavra	quer dizer	e não	que se traduz por
truculent (adjetivo)	pitoresco, original, que se faz notar, desconcertante	truculento	*sauvage féroce, brutal*
Ex.: *Cet écrivain utilise un langage truculent.* (Este escritor utiliza uma linguaem expressiva.)			
user (verbo)	gastar/utilizar	usar	*utiliser/porter*
Ex.: *Ils ont usé d'une ruse pour réussir.* (Usaram de uma astúcia para ter sucesso.) *Cette voiture use beaucoup d'essence.* (Este carro gasta muita gasolina.) *Jean a usé les coudes de son pull.* (João gastou os cotovelos do pulôver dele.)			
veille (substantivo)	véspera/vigília	velha	*vieille*
Ex.: *Les vacances commenceront la veille de Noël.* (As férias começarão na véspera do Natal.) *Maman est restée deux nuits en état de veille.* (Mamãe ficou duas madrugadas em vigília.)			
verbaliser (verbo)	lavrar um auto de infração	verbalizar	*exposer verbalement*
Ex.: *L'agent de police a verbalisé.* (O policial lavrou um auto de infração.)			
viager (adjetivo)	vitalício	viagem/viajar	*voyage/voyager*
Ex.: *Mon grand-père touche une pension viagère.* (Meu avô recebe uma pensão vitalícia.)			
violon (substantivo)	violino	violão	*guitare*
Ex.: *Pierre apprend à jouer du violon.* (Pedro aprende a tocar violino.)			

Principais expressões em português e seus equivalentes em francês.

Português	Francês
acima de tudo	*par dessus tout*
de repente	*tout d'un coup/soudain*
durante todo o dia	*toute la journée*
repentinamente	*tout à coup*
correto/está bem	*c'est bien*
apesar de/não obstante	*tout de même*
na realidade	*le fait est que*
como sempre	*comme d'habitude*
quanto a	*en tant que/tant à*
até agora	*jusqu'à présent*
finalmente	*enfin*
pelo menos	*au moins*
imediatamente	*tout de suite*
às vezes	*quelquefois*
quebrar promessa	*changer d'avis*
recuar/dar marcha à ré	*conduire en arrière*
estar para	*être sur le point de*
fazer rodeios	*tourner autour du pot*
cair bem/ficar bem	*être seyant*
estar em melhor situação	*valoir mieux*
dirigir-se para	*à destination de*
ter certeza de	*être certain de*
onde está/que fim levou	*advenir*
ter talento para	*avoir l'étoffe de*
ocupar um cargo/estar encarregado de	*être chargé de*
estorvar	*être de trop*
acreditar em	*croire à*
ser impossível	*être impossibile*
estar pronto para	*être prêt à*
ser enganado	*être volé*
depender de alguém	*dépendre de*
estar querendo/estar planejando	*machiner*
estar acostumado	*être accoutumé à/avoir l'habitude de*
estar bem de vida	*dans l'aisance*
derrubar	*abattre*
explodir	*faire sauter*
enguiçar (máquinas)	*ne plus marcher*
bater/quebrar/afundar/cravar	*enfoncer*

Português	Francês
ajustável pelo uso	*assouplir*
entrar à força	*s'introduire*
soltar-se	*se détacher de*
romper relações	*rompre avec*
acontecer de repente	*éclater*
causar	*causer*
devolver	*rapporter/rendre*
mostrar/produzir	*présenter/faire paraître*
voltar a si/curar	*raviver*
criar (pessoas)	*élever*
fortalecer	*se fortifier*
incendiar-se até o chão	*détruire par le feu*
queimar (equipamento elétrico)	*brûler*
queimar completamente	*brûler entièrement*
romper a chorar	*éclater en sanglots*
cair na gargalhada	*éclater de rire*
comprar empresa comercial de alguém	*acheter un fonds*
comprar todo o estoque	*faire l'achat total*
de cor/de memória	*par coeur*
sozinho	*tout seul*
a propósito	*à propos*
repreender	*réprimander*
ir buscar	*venir chercher*
cancelar	*annuler*
visitar alguém	*rendre visite à quelqu'un*
telefonar para	*donner un coup de téléphone*
levar a cabo uma tarefa	*exécuter*
resfriar-se	*prendre froid*
incendiar-se até o chão	*prendre feu*
pegar/entender	*y être*
mudar de ideia	*changer d'idée/changer d'avis*
examinar/verificar	*vérifier*
animar	*prendre courage/encourager*
fazer limpeza geral	*nettoyer (à fond)/faire le ménage*
lavar a louça	*faire la vaisselle*
esclarecer/resolver	*éclaircir/clarifier*
acontecer	*se produire/avoir lieu*
encontrar-se com	*rencontrer par hasard*
vir de	*venir de*
voltar a si	*revenir à soi/se remettre*

PRINCIPAIS DIFICULDADES ENCONTRADAS PELOS ALUNOS BRASILEIROS

Português	Francês
terminar	*se terminer/finir*
tornar-se verdadeiro	*devenir au fait accompli*
contar com	*compter sur*
cancelar (palavras)	*barrer*
interromper	*interrompre*
cortar/cortar um pedaço de alguma coisa	*couper/interrompre*
recortar/deixar de	*découper*
interromper/acabar antes do tempo	*couper la parole à*
cortar em pedaços	*couper en petits morceaux*
diminuir aos poucos (som)	*décroître peu à peu*
diminuir de intensidade	*se calmer*
desaparecer aos poucos	*disparaître*
repetir	*refaire*
prescindir de/passar sem	*se passer de*
preparar (papéis oficiais)	*préparer*
dirigir-se para	*conduire à/aller à*
visitar sem avisar	*visiter à l'imprévu*
deixar de frequentar	*quitter*
rabiscar um bilhete	*écrire un mot*
secar aos poucos	*dessécher*
secar completamente	*sécher*
comer em casa	*manger à la maison*
de vez em quando	*assez souvent*
atrasar-se	*être en retard/en arrière*
apaixonar-se por	*tomber amoureux de/s'énamourer de*
cair de/diminuir em volume	*tomber de/diminuer*
fracassar/ir por água abaixo	*échouer*
estar disposto a	*avoir envie de*
ter pena de	*avoir pitié de*
imaginar	*imaginer*
preencher	*remplir*
criticar	*trouver à redire*
averiguar	*trouver/découvrir*
perder tempo/fazer hora	*perdre son temps*
por enquanto	*pour le moment*
escapar/fugir	*s'echapper/s'enfuir*
escapar ao castigo	*échapper à*
voltar	*revenir/retourner*
melhorar	*aller mieux/s'améliorer*
vingar-se	*se venger*

Português	Francês
comunicar-se com	*comuniquer avec*
perder-se	*se perdre*
descer de/sair	*descendre/sortir*
subir/entrar	*monter*
deixar nervoso/enervar	*porter sur les nerfs*
restabelecer-se	*se consoler*
livrar-se de	*se défaire de/se débarasser de*
ficar doente	*tomber malade*
tirar vantagem de alguém	*l'emporter sur*
terminar	*achever*
chegar a	*arriver à*
levantar-se	*se lever*
acostumar-se	*s'accoutumer à*
dar à luz	*donner naissance à/mettre au monde*
render-se/capitular	*se rendre à*
produzir/exalar	*produire/exhaler*
distribuir	*distribuer/être épuisé*
dar um telefonema	*donner un coup de téléphone à*
desistir	*se rendre/laisser tomber*
haver suficiente para todos	*faire le tour de/suffire*
gostar de fazer alguma coisa	*s'adonner à*
explodir; sair repentinamente	*faire explosion*
continuar	*continuer*
apagar-se/sair	*sortir*
levar a cabo/passar por	*souffrir/subir*
combinar bem	*accompagner*
sair com alguém frequentemente	*aller avec*
ser claro/evidente	*il va sans dire que*
acontecer alguma coisa	*marcher mal/ne pas marcher*
superar/passar	*passer*
é melhor que	*il vaut mieux que*
pendurar/desligar o telefone	*pendre/raccrocher (téléphone)*
surdo	*sourd d'oreille*
divertir-se	*bien s'amuser*
ter uma função/um cargo	*avoir charge de*
ter	*avoir*
ter que fazer	*avoir à*
perseguir/ter raiva	*en vouloir à quelqu'un*
pôr os pingos nos is	*régler quelque chose*
estar usando	*porter*

Português	Francês
desejar muito/sonhar com	*avoir envie de/rêver de*
ter que ver com	*y être pour quelque chose*
ter notícias de	*recevoir des nouvelles*
ouvir falar de	*entendre parler de*
ser válido	*être bon/être valide*
segurar/esperar/aguentar	*saisir/tenir*
ser suficiente/resistir	*être suffisant*
ficar quieto	*rester tranquille*
assaltar/roubar	*s'emparer de*
com pressa	*être pressé*
ao contrário	*à l'envers/sens dessus dessous*
com tempo	*à la longue*
em tempo	*avec le temps*
em vão	*en vain*
vigiar	*surveiller*
lembrar-se	*se rappeler de*
manter contato com	*continuer à communiquer avec*
seguir	*continuer à*
manter a cabeça fria/manter a calma	*garder son sang froid/rester calme*
não entrar	*ne pas entrer*
manter mesma velocidade/nível	*continuer au même pas*
manter o mesmo ritmo que os outros	*aller aussi vite que*
pôr a nocaute	*renverser*
conhecer de vista	*connaître de vue*
demitir temporariamente	*mettre au chômage*
omitir	*omettre*
deixar em paz	*laisser tranquille*
soltar	*lâcher*
deixar saber/revelar	*révéler à*
diminuir em intensidade	*diminuer/cesser*
recostar-se/deitar-se	*s'étendre*
aos poucos	*au fur et à mesure*
viver para/chegar a	*être à la hauteur de*
tomar conta	*s'occuper de*
olhar para	*regarder/envisager*
depreciar/olhar de cima para baixo	*regarder du haut en bas*
procurar	*chercher/rechercher*
aguardar com ânsia	*attendre avec impatience*
investigar/olhar para dentro	*investiguer*
cuidado	*prendre garde*

Português	Francês
dar para	*donner sur*
examinar	*examiner/vérifier*
respeitar/admirar	*avoir un grand respect pour*
perder a cabeça	*perdre la tête*
passar por/fingir	*prétendre*
esclarecer	*clarifier*
fazer caretas	*faire des grimaces*
fazer amigos	*faire des amis*
fazer gozação	*se moquer de/se rire de*
obter êxito	*réussir*
dirigir em velocidade	*voyager vite/bien marcher (train)*
não faz diferença	*être égal*
sair-se bem	*réussir*
entender/preparar	*déchiffrer/rédiger*
retornar	*refaire/remetre à la mode*
abrir lugar para	*faire place à*
fazer sentido	*être logique*
tirar partido de	*tirer le meilleur partir de*
compensar/inventar/reconciliar-se/maquiar-se	*se réconcilier*
decidir-se	*prendre un parti*
comprometer-se/fazer concessões	*faire des concessions*
confundir/misturar	*s'embrouiller*
pouco importa	*peu importe*
não importa	*n'importe*
de vez em quando	*de temps en temps*
de tempos em tempos	*de temps en temps*
de vez em quando	*de temps à autre*
para sempre/uma vez por todas	*une fois pour toutes*
uma vez por outra	*de temps en temps*
propositadamente	*exprès*
em suma/de maneira geral	*en somme/à tout prendre*
em cima da hora	*à l'heure/à temps*
enguiçado	*ne pas marcher*
repetidamente	*sans cesse*
prestar atenção	*faire attention*
escolher	*choisir*
apanhar	*ramasser/prendre*
brincar com/mexer com	*jouer un tour à quelqu'un*
apontar/assinalar	*signaler/montrer du doigt*
terminar com	*faire cesser quelque chose*

Português	Francês
guardar	*ranger*
dominar	*déposer*
adiar	*remettre*
vestir	*mettre/s'habiller*
engordar	*grossir*
meter-se onde não é chamado	*mettre les pieds dans le plat*
apagar	*éteindre*
montar	*assembler*
construir	*construire/ériger*
tolerar/suportar	*tolérer*
muitos/vários	*pas mal de*
dar uma lida	*relire/jeter un coup d'oeil*
imediatamente	*immédiatement*
aqui mesmo	*ici-même*
fugir	*se sauver/s'échapper*
sair para cumprir ordens/fazer compras para os outros	*faire des courses*
encontrar-se com	*rencontrer par hasard*
acabar/faltar	*manquer de*
atropelar	*écraser*
cuidar de	*s'occuper de*
acompanhar alguém à sua partida	*voir partir quelqu'un*
vender/liquidar	*liquider*
merecer	*mériter*
tocar fogo	*mettre le feu à*
pôr-se a caminho/apresentar	*se mettre en chemin/exposer*
pôr-se a caminho	*se mettre en chemin*
apertar-se as mãos	*serrer la main/donner une poignée de mains*
exibir-se	*faire parade de*
aparecer	*se présenter*
apagar	*éteindre*
calar-se	*se taire*
sentar-se	*s'asseoir*
ir mais devagar	*ralentir la marche*
até agora	*jusqu'à présent*
acontecer alguma coisa	*arriver quelque chose*
ter chance de	*avoir la chance de*
representar/tolerar	*représenter*
sobressair	*se distinguer de*

Português	Francês
ser claro/evidente	*ça va sans dire*
levantar-se	*se tenir debut/se lever*
insistir em/defender	*prendre le parti de*
ficar em casa/fora de casa	*rester à la maison/ne pas rentrer*
ficar acordado até tarde	*veiller*
enganar alguém	*tromper/voler*
preservar	*adhérer/persévérer dans*
sobressair	*se dresser*
provocar/excitar	*exciter/pousser à*
aproveitar-se de	*profiter de*
parecer-se com/sair	*tenir de*
olhar/dar uma olhada	*jeter un coup d'oeil*
desmontar	*desassembler*
sentar-se	*s'asseoir*
passear a pé	*faire une promenade*
surpreender	*prendre au dépourvu*
tomar conta de/cuidar	*prendre soin de*
encarregar-se de	*se charger de*
tomar nota/retirar	*décrocher/prendre note de*
acreditar piamente	*être persuadé*
levar em consideração	*tenir compte de*
tirar partido de	*enlever*
levantar voo	*partir*
empregar	*employer/engager*
tomar o tempo de alguém	*prendre son temps*
tirar/puxar	*sortir*
encarregar-se de	*se charger de*
esmerar-se	*prendre de la peine à*
participar	*participer à*
acontecer/ocorrer	*avoir lieu*
ter pena de	*avoir pitié de*
confundir alguém com	*prendre quelqu'un pour*
consultar alguém sobre	*discuter avec*
tomar tempo livre	*prendre un moment de loisir*
alternar	*prendre chacun son tour*
estudar	*étudier/travailler*
discutir/tratar de	*discuter*
ter gosto de/saber a	*avoir le goût de*
demolir	*démolir*
rasgar em pedaços	*déchirer*

Português	Francês
distinguir entre	*distinguer entre*
dizer as horas	*dire l'heure*
pensar de/parecer-lhe que	*penser à*
refletir/pensar no assunto	*réfléchir*
inventar/imaginar	*inventer/imaginer*
jogar fora	*jeter*
retirar pela força	*jeter à la porte*
vomitar	*vomir*
esgotado	*n'en plus pouvoir*
terminado	*être fini*
certificar-se de	*s'assurer de*
experimentar	*essayer*
testar	*essayer*
dar uma volta a	*se retouner/faire*
abaixar o volume/rejeitar	*baisser*
desligar/apagar	*éteindre/fermer*
ligar/acender	*allumer/ouvrir*
resultar	*devenir*
virar/capotar/transferir para alguém	*se retourner/transférer*
esperar por	*attendre*
servir	*servir*
esperar até tarde	*veiller*
acordar/despertar	*s'éveiller/se réveiller*
perder tempo	*perdre son temps*
ter cuidado com	*faire attention à*
usar até gastar	*user complètement*
desaparecer gradualmente	*disparaître peu à peu*
ficar velho de tanto usar	*user*
preferir	*préférer*

2

Gramática

I – O artigo

Em francês, como em português, o artigo pode ter sentido definido ou indefinido.

Na frase **Je veux le fromage** (Quero o queijo), temos o artigo definido **le** que confere ao substantivo *fromage* um sentido definido, determinado.

Nas frases *Je veux un fromage* (Quero um queijo) e *Je veux du fromage* (Quero queijo), os artigos *un* e *du* conferem ao substantivo *fromage* um sentido não-definido, indeterminado. Mas a indeterminação que existe em *un pain* e em *du pa in* não é a mesma.

1. O artigo definido

Masculino singular:
le cahier (o caderno)
l'ami (o amigo)
l'hôtel (o hotel)

Feminino singular:
la cerise (a cereja)
l'église (a igreja)
l'héroïne (a heroína)

Masculino e feminino plural:
les cahiers (os cadernos)
les cerises (as cerejas)
les amis (os amigos)
les églises (as igrejas)
les hôtels (os hotéis)
les héroïnes (as heroínas)

Observações importantes: Os artigos <u>le</u> e <u>la</u> estão sujeitos à <u>elisão.</u> Esta consiste, como vimos nos exemplos acima, em substituir por um apóstrofo as vogais <u>e</u> ou <u>a</u> dos artigos *le* ou **la** *colocados antes de uma palavra* <u>singular</u> *que comece por vogal ou* <u>h</u> mudo.

<u>O artigo contraído</u>

O artigo definido contrai-se com as preposições *de* e *à* quando se encontra no masculino singular:

de + le > du
à + le > au

bem como no masculino ou no feminino plural:

de + les > des
à + les > aux

De e *à* não se contraem nem com o artigo *la* nem com a forma elidida l':

de + la > de la   *à + la > à la*
de + l' > de l'   *à + l' > à l'*

Exs.: *Marc? C'est un professeur.*
C'est le professeur du lycée.

Thérèse? C'est une infirmière.
C'est l' infirmière de l'hôpital.

Isabelle? C'est une secrétaire.
C'est la secrétaire de la faculté de Lettres.

Jacques? C'est un ami.
C'est l'ami des enfants.

Il parle à la fille, au directeur, à l'élève et aux professeurs.

2. O artigo indefinido

Masculino singular:	*un homme* (um homem)
	un garçon (um menino/um jovem/um garçom)
Feminino singular:	*une femme* (uma mulher)
	une université (uma universidade)
Masculino e feminino plural:	*des hommes* (homens)
	des garçons (meninos/jovens/garçons)
	des femmes (mulheres)
	des universités (universidades)

Como vimos, nestes quatro últimos exemplos, *des* (uns/umas, em português) geralmente não se traduz.

3. O artigo partitivo

<u>Este artigo não se traduz em português.</u>

O artigo partitivo formado pela preposição *de* e pelo artigo definido serve para designar uma quantidade indeterminada. Enquanto <u>*le pain*</u> indica um dado pão e <u>*un pain*</u> uma unidade indeterminada, <u>*du pain*</u> diz respeito a uma qualquer e indefinida quantidade de pão.

Masculino singular:	*du pain* (pão)
	de l'huile (óleo)
	de l'argent (dinheiro)
Feminino singular:	*de la viande* (carne)
	de l'herbe (erva/grama)
	de l'eau (água)
Masculino e feminino plural:	*des vins* (vinhos)
	des pommes (maçãs)
	des oiseaux (pássaros)
	des habitations (habitações)

A preposição *de* é empregada em lugar do artigo partitivo ou do artigo indefinido:
1. Após um advérbio de quantidade (*trop, peu, beaucoup, moins, plus* etc.)

Exs.: *Cet écrivain a beaucoup de livres.*
(Este escritor tem muitos livros.)

Il mange trop de viande.
(Ele come carne demais.)

J'ai assez d'argent pour ce voyage.
(Tenho bastante dinheiro para esta viagem.)

Atenção: Depois de *bien*, usa-se o artigo.

Ce professeur a bien de la patience.
(Este professor tem muita paciência.)

Bien des gens sont de cet avis.
(Muitas pessoas são desta opinião.)

2. Em frases negativas:
Exs.: *Je n'ai pas de dictionnaire.*
(Não tenho dicionário.)

Elle n'a pas d'argent.
(Ela não tem dinheiro.)

Elle ne mange pas de viande.
(Ela não come carne.)

3. Diante de substantivos no plural precedidos de um adjetivo:
Exs.: *De beaux tableaux.*
(Belos quadros.)
De belles photos.
(Belas fotos.)
De bonnes idées.
(Boas ideias.)

Observação: Quando o adjetivo e o substantivo formam como que uma palavra composta, não empregamos a preposição *de*.
Exs.: *Des jeunes gens.*
(jovens)
Des petits pois.
(ervilhas.)

Como exemplo do emprego dos artigos em francês, leia esta bela e inesquecível canção de Edith Piaf e Louiguy.

La vie en rose	A vida cor-de-rosa
Des yeux qui font baisser les miens	Olhos que fazem baixar os meus
Un rire qui se perd sur sa bouche	Um riso que se perde em sua boca
Voilà le portrait sans retouche	Aí está o retrato sem retoque
De l'homme auquel j'appartiens	Do homem a quem eu pertenço
Quand il me prend dans ses bras	Quando ele me toma em seus braços
Il me parle tout bas	Ele me fala baixinho
Je vois la vie en rose	Eu vejo a vida cor-de-rosa
Il me dit des mots d'amour	Ele me diz palavras de amor
Des mots de tous les jours	Palavras de todos os dias
Et ça me fait quelque chose	E isso me toca
Il est entré dans mon coeur	Entrou no meu coração
Une part de bonheur	Uma parte de felicidade
Dont je connais la cause	Da qual eu conheço a causa
C'est lui pour moi	É ele para mim
Moi pour lui dans la vie	Eu para ele na vida
Il me l'a dit	Ele mo disse
L'a juré pour la vie	Jurou pela vida
Et dès que je l'aperçois	E desde que eu o percebo
Alors je sens en moi	Então eu sinto em mim
Mon coeur qui bat	Meu coração que bate
Des nuits d'amour à plus finir	Noites de amor a não mais acabar
Un grand bonheur qui prend sa place	Uma grande felicidade que toma seu lugar
Les ennuis, les chagrins s'effacent	Os aborrecimentos, os tédios, as tristezas se apagam
Heureuse, heureuse à en mourir	Feliz, feliz até morrer
Quand il me prend dans ses bras...	Quando ele me toma em seus braços.....

II – O substantivo

1. O gênero

Há em francês dois gêneros: o masculino e o feminino.
Formação geral do feminino: em geral, o feminino se forma pelo acréscimo de um <u>e</u> ao masculino.

Ex.: **un ami – une ami<u>e</u>** (um amigo – uma amiga)
le fiancé – la fiancé<u>e</u> (o noivo – a noiva)
Louis – Louis<u>e</u> (Luís – Luísa)

Casos particulares:

a) Os substantivos terminados em <u>er</u> e <u>ier</u>, ao passarem para o feminino, trocam essa terminação por <u>ère</u> e <u>ière</u>.
Ex.: **le boulanger – la boulang<u>ère</u>** (o padeiro – a padeira)
le berger – la berg<u>ère</u> (o pastor – a pastora)
l'infirmier – l'infirm<u>ière</u> (o enfermeiro – a enfermeira)

b) Os substantivos terminados em <u>f</u> mudam esta letra para <u>v</u> diante do <u>e</u> do feminino.
Ex.: **un veuf – une veu<u>ve</u>** (um viúvo – uma viúva)
un juif – une jui<u>ve</u> (um judeu – uma judia)

c) Os substantivos terminados em <u>en</u> e <u>on</u> dobram o <u>n</u> diante do <u>e</u> do feminino.
Ex.: **le chien – la chie<u>nne</u>** (o cão – a cadela)
le baron – la baro<u>nne</u> (o barão – a baronesa)
le lion – la lio<u>nne</u> (o leão – a leoa)

d) Os substantivos terminados em <u>in</u>, <u>ain</u> e <u>an</u> não dobram o <u>n</u> diante do <u>e</u> do feminino.
Ex.: **le cousin – la cousi<u>ne</u>** (o primo – a prima)
le souverain – la souverai<u>ne</u> (o soberano – a soberana)
le gamin – la gami<u>ne</u> (o garoto – a garota)
le voisin – la voisi<u>ne</u> (o vizinho – a vizinha)

Exceção: **le paysan – la paysa<u>nne</u>** (o camponês – a camponesa)

e) Os substantivos terminados em <u>el</u> e <u>eau</u> formam o feminino em <u>elle</u>.
Ex.: **le jumeau – la jume<u>lle</u>** (o gêmeo – a gêmea)
Joël – Joë<u>lle</u>
Gabriel – Gabrie<u>lle</u>

f) Os substantivos terminados em **et** dobram o **t** diante do **e** do feminino.
    Ex.: **le cadet – la cadette** (o caçula – a caçula)
    un muet – une muette (um mudo – uma muda)

g) Os substantivos terminados em **at** e **ot** não dobram o **t** diante do **e** do feminino.
    Ex.: **le candidat – la candidate** (o candidato – a candidata)
    le dévot – la dévote (o devoto – a devota)
    l'avocat – l'avocate (o advogado – a advogada)

Exceção: **le chat – la chatte** (o gato – a gata)
le sot – la sotte (o tolo – a tola)

h) Os substantivos terminados em **x** mudam essa letra em um **s** sonoro (pronunciado z) diante do **e** do feminino.
    Ex.: **un époux – une épouse** (um esposo – uma esposa)
    le curieux – la curieuse (o curioso – a curiosa)

i) Alguns substantivos terminados em **c** fazem o feminino em **que**.
    Ex.: **un Turc – une Turque** (um turco – uma turca)
    Frédéric – Frédérique

Exceção: **un Grec – une Grecque** (um grego – uma grega)

j) Os substantivos terminados em **eur** formam o feminino em **euse**.
    Ex.: **un menteur – une menteuse** (um mentiroso – uma mentirosa)
    un danseur – une danseuse (um dançarino – uma dançarina)
    un voleur – une voleuse (um ladrão – uma ladra)
    le pêcheur – la pêcheuse (o pescador – a pescadora)

Exceções: **le vengeur – la vengeresse** (vingador)
l'enchanteur – l'enchanteresse (o mágico)
le chasseur – la chasseresse (o caçador)
le pécheur – la pécheresse (o pecador)
l'ambassadeur – l'ambassadrice (embaixador – embaixatriz ou embaixadora)
l'empereur – l'impératrice (imperador – imperatriz)

k) Os substantivos terminados em **teur** formam o feminino em **trice**.
    Ex.: **l'acteur – l'actrice** (o ator – a atriz)
    un admirateur – une admiratrice (um admirador)
    un directeur – une directrice (um diretor)
    l'instituteur – l'institutrice (o professor primário)

l) Alguns substantivos terminados em e mudo formam o feminino em esse.
   Ex.: un comte – une comtesse (um conde)
      un prince – une princesse (um príncipe)
      un mulâtre – une mulâtresse (um mulato)

E também: un abbé – une abbesse (um abade)

Observação: normalmente os substantivos terminados em e mudo não mudam de forma no feminino.
   Ex.: un élève – une élève (um aluno)
      un artiste – une artiste (um artista)
      un esclave – une esclave (um escravo)

m) Alguns substantivos formam o feminino de maneira especial ou mantêm o mesmo radical do masculino.
   Ex.: un canard – une cane (pato)
      un dieu – une déesse (Deus)
      un roi – une reine (rei)
      un neveu – une nièce (sobrinho)
      un favori – une favorite (favorito)
      un dindon – une dinde (peru)

Ou diferenciam inteiramente do masculino.
   Ex.: un homme – une femme (homem – mulher)
      le taureau – la vache (touro – vaca)
      le parrain – la marraine (padrinho – madrinha)
      l'oncle – la tante (tio – tia)
      le père – la mère (pai – mãe)
      un porc – la truie (porco – porca)
      un coq – une poule (galo – galinha)
      un mâle – une femelle (macho – fêmea)
      un frère – une soeur (irmão – irmã)
      le cheval – la jument (cavalo – égua)

Observações importantes:
Après-midi (a tarde) pode ser masculino ou feminino.
Les gens (as pessoas) só se emprega no plural e como masculino quando tem um sentido indeterminado.
   Ex.: Des gens montent dans l'autobus. (Pessoas sobem no ônibus.)

Quando ligado ao adjetivo, é necessário observar o seguinte: se os adjetivos estão antes de gens são femininos (les vieilles gens – as pessoas idosas); se estão depois, são masculinos (des gens assidus – pessoas aplicadas).

2. Formação do plural

a) Em geral, forma-se o plural acrescentando-se **s** ao singular.
   Ex.: **un homme – des hommes** (homem)
   un ami – des amis (amigo)

b) Os substantivos terminados em **s, x** e **z** não mudam de forma no plural.
   Ex.: **le corps – les corps** (corpo)
   la croix – les croix (cruz)
   le nez – les nez (nariz)
   le fils – les fils (filho homem)

c) Os substantivos terminados em **al, au, eu, eau** fazem o plural em **x**.
   Ex.: **un hôpital – des hôpitaux** (hospital)
   un canal – des canaux (canal)
   un noyau – des noyaux (caroço)
   un journal – des journaux (jornal)
   un cheveu – des cheveux (cavalo)
   un voeu – des voeux (voto)
   un tableau – des tableaux (quadro)
   un chapeau – des chapeaux (chapéu)

Observações:
– Alguns substantivos em **al** fazem o plural em **als**.
   Ex.: **bal – bals** (baile)
   carnaval – carnavals (carnaval)
   festival – festivals (festival)

– **pneu** e **bleu** fazem **pneus** e **bleus**.

d) A maioria dos substantivos em **ail** faz plural em **ails**
   Ex.: **un détail – des détails** (detalhe)
   un éventail – des éventails (leque)

E os sete substantivos seguintes fazem plural em **aux**:
bail – baux (arrendamento)
corail – coraux (coral)
émail – émaux (esmalte)
soupirail – soupiraux (respiradouro)
travail – travaux (trabalho)
vitrail – vitraux (vitral)
vantail – vantaux (batente)

e) A maioria dos substantivos em **ou** faz o plural em **s**.

   Ex.: **un clou – des clous** (prego)
   un trou – des trous (buraco)

Os sete seguintes fazem o plural em **x**.
le bijou – les bijoux (joia)
le caillou – les cailloux (seixo)
le chou – les choux (couve)
le genou – les genoux (joelho)
le hibou – les hiboux (mocho)
le joujou – les joujoux (brinquedo)
le pou – les poux (piolho)

f) Três substantivos têm pronúncia diferente, segundo estejam no singular ou no plural:
un os (osso) com **o** aberto no singular; pronuncia-se o **s**.
des os (ossos) com **o** fechado no plural; não se pronuncia o **s**.

un oeuf (ovo) com **eu** aberto no singular; pronuncia-se o **f**.
des oeufs (ovos) com **eu** fechado no plural; não se pronuncia o **f** nem o **s**.

un boeuf (boi) com **eu** aberto no singular; pronuncia-se o **f**.
des boeufs (bois) com **eu** fechado no plural; não se pronuncia o **f** nem o **s**.

g) Alguns substantivos só se empregam no plural:
les alentours (os arredores)
les environs (os arredores)
les entrailles (as entranhas)
les frais (as despesas)
les moeurs (os costumes, os hábitos)
les ténèbres (as trevas)

h) Os substantivos compostos
– sem hífen: **le passeport – les passeports**
– com hífen: **le chou-fleur – les choux-fleurs** (couve-flor)
➢ Substantivo + substantivo: ambos vão para o plural
Eceções: **le chef-d'oeuvre – les chefs-d'oeuvre** (obra-prima)
   le timbre-poste – les timbres-poste (selo)

– **le coffre-fort – les coffres-forts** (o cofre forte)
➢ Substantivo + adjetivo: ambos vão para o plural

– **le grand-père – les grands-pères** (o avô)
➢ Adjetivo + substantivo: ambos vão para o plural

– **le sourd-muet – les sourds-muets** (surdo-mudo)
➢ Adjetivo + adjetivo: ambos vão para o plural

– **le gratte-ciel – les gratte-ciel** (o arranha- céu)
➢ Verbo + substantivo: nenhum deles toma a forma do plural
Exceções: **le cure-dent – les cure-dents** (palito)
le tire-bouchon – les tire-bouchons (saca-rolhas)

– **le laissez-passer – les laissez-passer** (salvo-conduto)
➢ Verbo + verbo: nenhum deles toma a forma do plural

– **le passe-partout – les passe-partout** (caixilho para fotografia ou gazua)
➢ Verbo + advérbio: nenhum deles toma a forma do plural

– **le haut-parleur – les haut-parleurs** (alto-falante)
➢ Advérbio + substantivo: só o substantivo toma a forma do plural

Agora vamos fazer uma pausa. Uma pausa musical. Antes de falarmos do *adjetivo*, vamos ler esta canção cujo título é o adjetivo *Belle*.

Esta belíssima canção faz parte do espetáculo musical que fez um enorme sucesso na França, no Canadá, na Bélgica e na Itália.

Baseada na obra de Victor Hugo, com música de Ricardo Cocciante e letra de Luc Plamondon. Os três personagens falam do seu amor pela bela cigana Esmeralda:

Belle

Quasimodo
Belle
C'est un mot qu'on dirait inventé pour elle
Quand elle danse et qu'elle met son corps à jour, tel
Un oiseau qui étend ses ailes pour s'envoler
Alors je sens l'enfer s'ouvrir sous mes pieds

J'ai posé mes yeux sous sa robe de gitane
A quoi me sert encore de prier Notre-Dame
Quel est celui qui lui jettera la première pierre
Celui-là ne mérite pas d'être sur terre

O Lucifer!
Oh! laisse-moi rien qu'une fois
Glisser mes doigts dans les cheveux d'Esmeralda

Frollo
Belle
Est-ce le diable qui s'est incarné en elle
Pour détourner mes yeux du Dieu éternel
Qui a mis dans mon être ce désir charnel
Pour m'empêcher de regarder vers le Ciel

Elle porte en elle le péché originel
La désirer fait-il de moi un criminel
Celle qu'on prenait pour une fille de joie une fille de rien
Semble soudain porter la croix du genre humain

O Notre-Dame!
Oh! laisse-moi rien qu'une fois
Pousser la porte du jardin d'Esmeralda

Phoebus
Belle
Malgré ses grands yeux noirs qui vous ensorcellent
La demoiselle serait-elle encore pucelle?
Quand ses mouvements me font voir monts et merveilles
Sous son jupon aux couleurs de l'arc-en-ciel

Ma dulcinée laissez-moi vous être infidèle
Avant de vous avoir menée jusqu'à l'autel
Quel est l'homme qui détournerait son regard d'elle
Sous peine d'être changé en statue de sel

O Fleur-de-Lys,
Je ne suis pas homme de foi
J'irai cueillir la fleur d'amour d'Esmeralda

Quasimodo, Frollo, Phoebus
J'ai posé me yeux sous sa robe de gitane
A quoi me sert encore de prier Notre-Dame
Quel est celui qui lui jettera la première pierre
Celui-là ne mérite pas d'être sur terre

O Lucifer!
Oh! laisse-moi rien qu'une fois
Glisser mes doigts dans les cheveux d'Esmeralda

Esmeralda

Bela

Quasimodo
Bela
É uma palavra que diríamos inventada para ela
Quando ela dança e revela o seu corpo, como
Um pássaro que estende suas asas para voar
Então eu sinto o inferno se abrir sob meus pés

Eu pus meus olhos sob seu vestido de cigana
De que me serve ainda rezar para Nossa Senhora?
Qual é aquele que lhe jogará a primeira pedra?
Este aí não merece viver

Ô Lúcifer!
Oh! Deixe-me apenas uma vez
Escorregar meus dedos nos cabelos de Esmeralda

Frollo
Bela
É o diabo que se encarnou nela
Para desviar meus olhos do Deus eterno?
Quem pôs no meu ser este desejo carnal
Para me impedir de olhar para o céu?

Ela traz nela o pecado original
Desejá-la faz de mim um criminoso
Aquela que se tomava por uma prostituta, uma moça sem importância
Parece de repente levar a cruz do gênero humano (encarnar todos os pecados do mundo)

Ô Nossa Senhora!
Oh! deixe-me apenas uma vez
Empurrar a porta do jardim da Esmeralda

Phoebus
Bela
Apesar de seus grandes olhos negros que vos (nos) enfeitiçam
A senhorita seria ainda virgem?
Quando seus movimentos me fazem ver maravilhas
Sob sua anágua com as cores do arco-íris

Minha dulcineia *(mulher idealizada de D. Quixote)* deixe-me ser infiel a você
Antes de levá-la até o altar
Qual é o homem que desviaria seu olhar dela
Sob pena de ser mudado em estátua de sal?

Ô Flor-de-Lis
Eu não sou homem de fé
Eu irei colher a flor do amor de Esmeralda

Quasimodo, Frollo e Phoebus
(repetem o canto de Quasimodo)

III – O adjetivo

1. O gênero

a) Para formar o feminino dos adjetivos, acrescenta-se **e** ao masculino:
   court – courte (curto)
   grand – grande (grande, alto)
   petit – petite (pequeno)

b) Os adjetivos terminados em **e** não mudam de forma no feminino:
   facile (fácil)
   difficile (difícil)
   simple (simples)
   jeune (jovem)
   sympathique (simpático)

c) Os adjetivos terminados em **en** ou **on** dobram o **n** diante do feminino:
   païen – païenne (pagão)
   brésilien – brésilienne (brasileiro)
   breton – bretonne (bretão)

d) Os adjetivos terminados em **in, ain, ein, un, an** não dobram o **n** no feminino:
   divin – divine (divino)
   vain – vaine (vão)
   serein – sereine (sereno)
   brun – brune (moreno, castanho)
   persan – persane (persa)

   Exceções: **bénin – bénigne** (benigno)
   malin – maligne (malicioso)

e) Os adjetivos terminados em **el** e **eil** dobram o **l** diante do **e** feminino:
   fraternel – fraternelle (fraternal)
   vermeil – vermeille (vermelho)
   réel – réelle (real)
   pareil – pareille (parecido)

f) Os adjetivos terminados em **eau** e **ou** fazem o feminino em **elle** e **olle**.
   beau – belle (belo)
   fou – folle (louco)
   nouveau – nouvelle (novo)
   mou – molle (mole)

Os adjetivos anteriores possuem no masculino singular outra forma (**bel, fol, nouvel, mol**) que se emprega antes de um substantivo masculino singular que começa por vogal ou h mudo:
Ex.: **un bel appartement** (um belo apartamento)
  un fol espoir (uma esperança louca)
  un nouvel hôtel (um novo hotel)
  un mol abandon (um abandono mole/lânguido)

O mesmo ocorre com o adjetivo <u>vieux</u> (velho) que também possui uma forma para o masculino singular (<u>vieil</u>).
Ex.: **un vieux clochard** (um velho mendigo)
  un vieil ami (um velho amigo)
  un vieil hôpital (um velho hospital)
  une vieille maison (uma velha casa)

g) A maioria dos adjetivos em <u>s</u> faz o feminino com o simples acréscimo do <u>e</u>.
  Ex.: **gris – grise** (cinza)
    confus – confuse (confuso)

  Em alguns adjetivos, dobra-se o <u>s</u>:
  Ex.: **gros – grosse** (gordo)
    bas – basse (baixo)
    gras – grasse (gorduroso)
    las – lasse (cansado)
    épais – épaisse (grosso)

  Mas: **frais** (fresco) faz **fraîche**

h) Quase todos os adjetivos terminados em <u>x</u> mudam esta letra em <u>s</u> sonoro (pronunciado z) diante do <u>e</u> do feminino.
  Ex.: **jaloux – jalouse** (ciumento, invejoso)
    heureux – heureuse (feliz)
    joyeux – joyeuse (alegre)

  Mas:
  doux – douce (doce)
  faux – fausse (falso)
  roux – rousse (ruivo)

i) Os adjetivos terminados em <u>er</u> fazem feminino em <u>ère.</u>
  Ex.: **premier – première** (primeiro)
    dernier – dernière (último)

j) E os terminados em **f** mudam esta letra em **v** diante do **e** feminino.
Ex.: **natif – native** (nativo)
vif – vive (vivo)

k) Os terminados em **et** dobram o **t** diante do **e** do feminino.
Ex.: **net – nette** (limpo)
douillet – douillette (fofo)

Mas:
complet – complète (completo)
incomplet – incomplète (incompleto)
concret – concrète (concreto)
inquiet – inquiète (inquieto)
secret – secrète (secreto)
discret – discrète (discreto)

l) Já os terminados em **ot** e **at** não dobram o **t**.
Ex.: **plat – plate** (chato)
idiot – idiote (idiota)
Salvo: **sot – sotte** (tolo)
vieillot – vieillotte (velhinho)
bellot – bellotte (bonitinho)
pâlot – pâlotte (palidozinho)

m) Os terminados em **eur** formam o feminino em **euse**.
Ex.: **menteur – menteuse** (mentiroso)
trompeur – trompeuse (enganador, impostor)
voleur – voleuse (ladrão)

Mas: **meilleur – meilleure** (melhor)
majeur – majeure (maior)
mineur – mineure (menor)
supérieur – supérieure (superior)
antérieur – antérieure (anterior)

n) Muitos adjetivos em **teur** fazem o feminino em **trice**.
Ex.: **consolateur – consolatrice** (consolador)
destructeur – destructrice (destruidor)

2. Formação do plural

As regras para a formação do plural dos adjetivos são as mesmas que para a formação do plural dos substantivos.
Ex.: **une grande ville – de grandes villes** (grandes cidades)
un fruit vert – des fruits verts (frutas verdes)
un bonbon exquis – des bonbons exquis (balas deliciosas)
un élève paresseux – des élèves paresseux (alunos preguiçosos)
un adversaire loyal – des adversaires loyaux (adversários leais)

Observar apenas que:

a) Alguns adjetivos terminados em <u>al</u> formam o plural acrescentando-se apenas um <u>s</u>:
naval – navals
fatal – fatals
natal – natals
final – finals

b) O mesmo aconteceu com:
bleu (azul), **fou** (louco), **mou** (mole), **feu** (falecido), que no plural ganham apenas um <u>s</u>: **bleus, fous, mous, feus.**
des yeus bleus (os olhos azuis)
les feus rois (os reis falecidos)

Já o adjetivo **hébreu**, no plural, ganha um <u>x</u>:
les textes hébreux (os textos hebraicos)

3. Concordância com o substantivo

O adjetivo concorda com o substantivo em gênero e número:
une grande fenêtre (uma janela grande)
la fenêtre est grande (a janela é grande)

Quando um adjetivo qualifica vários substantivos do mesmo gênero, toma no plural o gênero desses substantivos:
une robe et une jupe neuves (um vestido e um chapéu novos)

Os adjetivos a seguir ficam invariáveis <u>antes</u> do substantivo, mas tomam a forma do plural <u>depois</u> do substantivo: **ci-inclus** e **ci-joint** (aqui junto), **excepté** (exceto), **y compris** (incluso).
Ex.: **Nous vous envoyons ci-joint les documents** ou **les documents ci-joints.** (Junto vos enviamos os documentos.)

Ficam invariáveis:
- Os substantivos empregados como adjetivos para indicar uma cor:
    Ex.: **un ruban orange** (uma fita laranja)
    des rubans orange

    une chemise marron (uma camisa marrom)
    des chemises marron

- Os adjetivos compostos relacionados a cores:
    Ex.: **une jupe bleu foncé** (uma saia azul-escuro)
    des gants gris perle (luva cinza-pérola)

- O adjetivo **grand** nas palavras compostas:
    Ex.: **grand-route** (estrada nacional)
    grand-mère (avó)
    grand-rue (rua principal)

- Os adjetivos **nu, demi, passé** quando colocados <u>antes</u> do substantivo. Eles concordam se vierem <u>depois</u>:
    Ex.: **passé huit heures** (passadas oito horas)
    huit heures passées (oito horas passadas)

    une demi-heure (uma meia hora)
    une heure et demie (uma hora e meia)

    nu-jambes (pernas nuas)
    jambes nues

4. Colocação

a) Colocação depois do substantivo:
Os adjetivos que designam uma característica distintiva à qual se liga uma ênfase especial colocam-se <u>depois</u> do substantivo:

l'économie française (a economia francesa)
le parti socialiste (o partido socialista)
la religion catholique (a religião católica)
la robe rouge (o vestido vermelho)
la table ovale (a mesa oval)
les mains sales (as mãos sujas)

Colocam-se também depois do substantivo os particípios empregados como adjetivos (**une attitude affligée** – uma atitude de aflição), os que têm maior número de sílabas e os adjetivos alargados com mais elementos (**des prix exceptionnels** – preços excepcionais, **une pièce digne d'être vue** – uma peça digna de ser vista) e o adjetivo **entier** – inteiro (**le monde entier** – o mundo inteiro).

b) Colocação antes do substantivo:
Colocam-se antes do substantivo os seguintes adjetivos (geralmente realçando sentimentos e sensações):

>   **grand: un grand philosophe** (um grande filósofo)
>   **petit: une petite maison** (uma casa pequena)
>   **bon: un bon livre** (um bom livro)
>   **mauvais: une mauvaise habitude** (um mau hábito)
>   **jeune: un jeune avocat** (um jovem advogado)
>   **vieux: un vieux médecin** (um velho médico)
>   **long: un long séjour** (uma longa estada)
>   **bref: un bref discours** (um breve discurso)
>   **cher: mon cher ami** (meu querido amigo)
>   **joli: une jolie jeune fille** (uma linda moça)
>   **beau: un beau paysage** (uma bela paisagem)
>   **digne: un digne représentant** (um digno representante)
>   **gros: un gros industriel** (um grande industrial)
>   **haut: la haute considération** (a grande consideração)
>   **sot: une sotte réponse** (uma resposta tola)

c) Adjetivos cujo significado varia conforme a colocação:

>   **un nouveau vin** (uma nova qualidade de vinho)
>   **le vin nouveau** (o vinho novo (deste ano))
>
>   **la dernière année** (o último ano (da guerra, por exemplo))
>   **l'année dernière** (no ano passado)
>
>   **un honnête homme** (um homem decente)
>   **un homme honnête** (um homem honesto)
>
>   **un pauvre homme** (um pobre homem)
>   **un homme pauvre** (um homem pobre)
>
>   **un cher souvenir** (uma grata recordação)
>   **des installations chères** (instalações caras)

un ancien couvent (um antigo convento)
un couvent ancien (um convento velho)

différentes chambres (diversos quartos)
des chambres différentes (quartos diferentes)

de braves gens (pessoas de bem)
une femme brave (uma mulher corajosa)

certaines indications (certas indicações)
des indications certaines (indicações precisas)

de propres terres (terras próprias)
des mains propres (mãos limpas)

5. Graus dos adjetivos

a) Os graus regulares
O comparativo de superioridade forma-se colocando **plus** (mais) antes do adjetivo, e o superlativo forma-se colocando o artigo definido antes do comparativo:
Ex.: **agréable** (agradável)
   plus agréable (mais agradável)
   le plus agréable (o mais agradável)

No grau superlativo distinguem-se o superlativo absoluto, que exprime o grau mais elevado, e o superlativo relativo, que exprime um grau muito elevado de uma forma comparativa:
Ex.: **la plus agréable saison** (a estação mais agradável) (absoluto)
   une très agréable saison (uma estação muito agradável) (relativo)

Quando o superlativo absoluto encontra-se depois do substantivo, repete-se o artigo:
Ex.: **le livre le plus intéressant** (o livro mais interessante)
   le contenu du livre le plus intéressant (o conteúdo do livro mais interessante)

O comparativo de igualdade forma-se usando **aussi ... que**:
Ex.: **Cette fille est aussi jolie que celle-là.** (Esta moça é tão bonita como aquela)

Quando, no comparativo de igualdade, se subentende o adjetivo no segundo termo de comparação emprega-se **autant** em vez de **aussi**:
Ex.: **Ce garçon est très grand, mais son frère est autant.** (Este rapaz é muito alto, mas o irmão é tão alto como ele)

Nas frases negativas, em vez de **aussi** pode empregar-se **si**:
Ex.: **Ce garçon n'est pas si grand que toi.** (Este rapaz não é tão alto como você)

O comparativo de inferioridade forma-se usando **moins ... que**:
Ex.: **Ce film est moins intéressant que le livre.**
(Este filme é menos interessante que o livro)

Os comparativos de superioridade e de inferioridade podem ser reforçados com os advérbios **beaucoup** e **bien**:
Ex.: **Ce livre est beaucoup plus intéressant que le film.**
(Este livro é muito mais interessante que o filme)
Ce film est bien moins intéressant que le livre.
(Este filme é muito (bem) menos interessante que o livro.)

Antes de numerais não se emprega **que**, mas sim **de**:
Ex.: **plus (moins) de cent personnes** (mais (menos) de cem pessoas)

A expressão **de plus en plus**, que se coloca antes do adjetivo, significa "cada vez mais":
Ex.: **Il devient de plus en plus insolent.** (Ele se torna cada vez mais insolente.)

b) Os graus irregulares
Derivam do latim as formas comparativas:
Ex.: **bon** (bom)
    meilleur (melhor)
    le meilleur (o melhor)

    mauvais (mau)
    pire (pior)
    le pire (o pior)

    petit (pequeno)
    moindre (menor)
    le moindre (o menor)

Mauvais e **petit** podem também empregar-se como comparativos regulares, ou seja, com **plus** e **le plus**, quando utilizados no seu sentido original:
Le plus mauvais projet (o pior projeto)
La plus petite chambre (o quarto menor)

Adjetivos sem graus de comparação
Embora não obedecendo às regras do grau comparativo, os seguintes adjetivos exprimem uma gradação:

Ex.: **aîné** (mais velho)
    cadet (mais novo)
    suprême (supremo ou mais elevado)
    extrême (extremo)
    infime (ínfimo)
    dernier (último)
    principal (principal)
    prochain (próximo)
    unique (único)

IV. Os numerais

1. Os numerais cardinais

0 zéro	18 dix-huit
1 un, une	19 dix-neuf
2 deux	20 vingt
3 trois	21 vingt et un
4 quatre	22 vingt-deux
5 cinq	23 vingt-trois
6 six	24 vingt-quatre
7 sept	30 trente
8 huit	40 quarante
9 neuf	50 cinquante
10 dix	60 soixante
11 onze	70 soixante-dix
12 douze	80 quatre-vingts
13 treize	81 quatre-vingt-un
14 quatorze	90 quatre-vingt-dix
15 quinze	91 quatre-vingt-onze
16 seize	100 cent
17 dix-sept	101 cent un

200 deux cents
211 deux cent onze
1000 mille
1001 mille un
1002 mille deux
1100 onze cents/mille cent

1308 treize cent huit/mille trois cent huit
2000 deux mille
100 000 cent mille
le **million** (um milhão)
le **milliard** (um bilhão)
le **billion** (um trilhão)

Atenção!

a) Entre o algarismo das dezenas e o das unidades coloca-se um traço de união.
Ex.: **cinquante-cinq** (mas: **vingt et un, trente et un** etc.)

b) Nos números **cinq, six, huit** e **dix** as consoantes finais não se pronunciam quando precedem palavras começadas por consoantes. Antes de palavras começadas por vogal faz-se a ligação.

c) As consoantes finais dos números **sept** e **neuf** pronunciam-se sempre.

d) Antes dos números **huit** e **onze** nunca se faz a ligação nem se usa apóstrofo.

e) Os números **quatre-vingts, deux cents, trois cents** etc. perdem o s quando se segue um outro número.
Ex.: **quatre-vingts personnes** – mas: **quatre-vingt-cinq personnes**
Deux cents personnes – mas: **deux cent cinquante personnes**

f) **mille** nunca leva s; nas datas, além de **mille** também se usa **mil**.
Ex.: **en mil neuf cent soixante**

2. Os numerais ordinais

1*er* le premier (o primeiro)
1*re* la première (a primeira)
2e le deuxième (o segundo)
   la deuxième (a segunda)
   le second (o segundo)
   la seconde (a segunda)
3e le ou la troisième
4e quatrième
5e cinquième
6e sixième
7e septième
8e huitième

9e neuvième
10e dixième
11e onzième
12e douzième
13e treizième
14e quatorzième
15e quinzième
16e seizième
17e dix-septième
18e dix-huitième
19e dix-neuvième
20e vingtième

21e vingt et unième
22e vingt-deuxième
30e trentième
31e trente et unième
40e quarantième
41e quarante et unième
50e cinquantième
51e cinquante et unième
60e soixantième
61e soixante et unième

70e soixante-dixième
71e soixante et onzième
80e quatre-vingtième
81e quatre-vingt-unième
90e quatre-vingt-dixième
91e quatre-vingt-onzième
100e centième
1000e millième

Notas:

a) Com exceção de **le premier** e **le second**, os numerais ordinais formam-se juntando –ième aos numerais cardinais (**dix – le dixième**). Se o numeral cardinal termina em *e* mudo, perde-o (**quatre – le quatrième**), e em relação a **cinq** e **neuf** mudam, respectivamente, para **cinquième** e **neuvième**.

b) Para o segundo e a segunda usa-se em francês não só **le (la) deuxième** (na contagem), mas também **le second, la seconde**. Isto se verifica em expressões como:

Le second Empire (o segundo Império)
En secondes noces (em segundas núpcias)

c) Os numerais ordinais abreviam-se por meio de um algarismo (sem ponto!) e um *e* colocado mais acima (le 2e = le deuxième). Mas le premier abrevia-se le 1*er*, la première la 1*re*, le second le 2nd, la seconde la 2*nde*.

d) Note-se que na indicação das datas (exceto no primeiro dia do mês), bem como na dos governantes de nome igual (exceto também o primeiro e sem artigo!), utiliza-se o numeral cardinal (**le premier mai, le deux mai, le trois mai; Napoléon I*er* (premier), Napoléon III (trois)**).

V – O advérbio

Como vimos no item III, os adjetivos, em português como em francês, modificam um substantivo, atribuindo-lhe uma qualidade.

Já o advérbio, tanto em francês como em português, vai modificar um adjetivo, um outro advérbio ou um verbo.

Ex.: **Vous êtes très aimables.** (Vocês são muito amáveis.)
Ils marchaient très lentement. (Eles caminhavam muito lentamente.)
J'ai bien compris. (Compreendi bem.)

Os advérbios podem expressar:

1. **la manière** (o modo): **ainsi** (assim), **exprès** (de propósito), **lentement** (lentamente), **bien** (bem), **mal**, **volontiers** (com prazer);

2. **la quantité** (a quantidade): **beaucoup** (muito), **assez** (bastante), **peu** (pouco), **guère** (pouco), **pas mal** (muito), **presque** (quase), **trop** (demais);

3. **l'intensité** (a intensidade): **très** (muito), **tellement** (de tal modo), **tant** (tanto), **si** (tão);

4. **la comparaison** (a comparação): **autant** (tanto), **plus** (mais), **moins** (menos);

5. **le temps** (o tempo): **soudain** (de repente), **quelquefois** (às vezes), **autrefois** (antigamente), **désormais** (de agora em diante), **ensuite** (em seguida), **alors** (então), **aujourd'hui** (hoje), **aussitôt** (logo), **depuis** (desde então, há);

6. **le lieu** (o lugar): **ailleurs** (em outro lugar), **avant** (antes), **nulle part** (em lugar nenhum), **partout** (por toda parte), **à droite** (à direita), **à gauche** (à esquerda), **autour** (em volta), **derrière** (atrás), **devant** (na frente), **en** (de lá), **y** (aí, lá, aqui);

7. **l'affirmation** (a afirmação): **oui** (sim), **si** (sim), **assurément** (certamente);

8. **la négation** (a negação): **non** (não), **pas du tout** (absolutamente), **non plus** (também não/tampouco);

9. **l'opinion** (a opinião): **heureusement** (felizmente), **sans doute** (provavelmente), **apparemment** (aparentemente);

10. **l'interrogation** (a interrogação): **quand?** (quando?), **où?** (onde?), **comment?** (como?), **pourquoi?** (por quê?), **combien?** (quanto?), **d'où?** (de onde?).

Formação dos advérbios em **– ment**:

a) Se o adjetivo terminar por uma consoante: adjetivo + e + ment
   Ex.: clair ∀ clair**e** ∀ clair**ement** (claramente)
   lent ∀ lent**e** ∀ lent**ement** (lentamente)
   heureux ∀ heureus**e** ∀ heureus**ement** (felizmente)

   Mas: gentil ∀ gentiment (gentilmente)

b) Se o adjetivo terminar por e: adjetivo + **ment**
   Ex.: **rapide** ∀ **rapide__ment__** (rapidamente)
   faible ∀ **faible__ment__** (fracamente, debilmente)
   juste ∀ **juste__ment__** (justamente)

   Mas: **intense** ∀ **intensément** (intensamente)
   conforme ∀ **conformément** (conformemente)
   commode ∀ **commodément** (comodamente)
   énorme ∀ **énormément** (enormemente)

   Do mesmo modo acontece com:

   commun – commune – communément (comumente, geralmente);
   confus – confuse – confusément (confusamente);
   obscur – obscure – obscurément (obscuramente);
   profond – profonde – profondément (profundamente);
   précis – precise – précisément (precisamente)
   exprès – expresse – expressément (expressamente);
   impuni – impunie – impunément (impunemente).

c) Se o adjetivo terminar por uma outra vogal diferente de: adjetivo + **ment**:
   Ex.: **vrai** ∀ **vraiment** (verdadeiramente)
   poli ∀ **poliment** (polidamente)
   aisé ∀ **aisément** (facilmente)

   Mas: **gai** ∀ **gaie** ∀ **gaiment** (alegremente)

d) Se o adjetivo terminar por **ent** e **ant**:
   ent ∀ **emment**
   ant ∀ **amment**
   Ex.: **prudent** ∀ **prudemment** (prudentemente)
   fréquent ∀ **fréquemment** (frequentemente)
   abondant ∀ **abondamment** (abundantemente)
   puissant ∀ **puissamment** (poderosamente)

   Lugar do advérbio:

1. Nos tempos simples, o advérbio vem depois do verbo que ele modifica:
   Ex.: **Ils marchaient lentement.** (Eles caminhavam lentamente.)
   Elle répond gaiement. (Ela responde alegremente.)

2. Quando o verbo está em um tempo composto, o advérbio se coloca entre o auxiliar e o particípio ou depois do particípio:
   Ex.: **Il a mal dormi.** (Ele dormiu mal.)
   J'ai bien compris. (Compreendi bem.)

3. Os advérbios de lugar e de tempo, e muitos advérbios em **ment**, se colocam, em geral, <u>após</u> o verbo:
   Ex.: **Elles sont restées dehors.** (Elas ficavam de fora.)
   Elles sont parties tôt. (Elas partiram cedo.)
   Nous avons conduit prudemment. (Dirigimos prudentemente.)
   Vous allez rentrer tard. (Vocês vão voltar tarde.)
   Il va faire rapidement. (Ele vai fazer rapidamente.)

4. Os advérbios de quantidade e qualidade se colocam após o verbo conjugado:
   Ex.: **Elle va beaucoup travailler.** (Ela vai trabalhar muito.)

Atenção: Os advérbios **sans doute** (provavelmente), **à peine** (apenas), **ainsi** (assim), **aussi** (também), **peut-être** (talvez) provocam a <u>inversão do sujeito</u> quando são colocados no início da frase.
   Ex.: **Il a peut-être été retardé.** (Ele foi talvez atrasado.)
   Peut-être a-t-il été retardé. (Talvez ele foi atrasado.)

VI – A preposição

Eis as preposições francesas mais usuais:

à
   – com significação de **lugar** (a, em):
   Ex.: **aller à Paris** (ir a Paris)
   être à Paris (estar em Paris)
   être à la campagne, à la gare, à la terrasse, au travail
   (estar no campo, na estação, no terraço, no trabalho)
   Les Autrichiens furent battus à Austerlitz.
   (Os austríacos foram vencidos em Austerlitz.)

   – com significação de **tempo** (a, em):
   Ex.: **au printemps** (na primavera) (mas: **en été, en automne, en hiver**)
   à huit heures (às oito horas)
   à Pâques (na Páscoa)
   à son arrivée (à sua chegada)
   de 1945 à 1950 (de 1945 a 1950)

– em **sentido figurado** (a, de):
  Ex.: **à bras ouverts** (de braços abertos)
       pas à pas (passo a passo)

à cause de (por causa de). Ex.: **à cause de la chaleur** (por causa do calor)

à côté de (ao lado de). Ex.: **à côté de ma soeur** (ao lado da minha irmã)

à défaut de (por falta de). Ex.: **à défaut de preuves** (por falta de provas)

à partir de (a partir de). Ex.: **à partir de ce jour** (a partir desse dia)

après (depois de, a seguir a):

  – espacial:
    Ex.: **Après la chambre à coucher vous entrez dans la salle de bains.** (Depois do quarto vocês entram no banheiro.)

  – temporal:
    Ex.: **après sept heures** (depois das sete horas)

à travers (através de). Ex.: **à travers le désert** (através do deserto)

au-delà de (para lá (além) de. Ex.: **au-delà des frontières** (para além das fronteiras)

au-dessous de (abaixo de). Ex.: **au-dessous de** zéro (abaixo de zero)

au-dessus de (acima de). Ex.: **au-dessus de la mer** (acima do mar)

au lieu de (em vez de). Ex.: **au lieu de la conférence** (em vez da conferência)

au milieu de (no meio de). Ex.: **au milieu de la foule** (no meio da multidão)

auprès de (junto de). Ex.: **auprès de la gare** (junto da estação);
              auprès de son frère (junto ao irmão dele)

autour de (em volta de). Ex.: **autour de la table** (em volta da mesa)

avant
  – com significação **temporal** (antes de):
    Ex.: **Il est venu avant sept heures.** (Ele veio antes das sete horas.)

– em **sentido figurado**, designando uma sequência:
   Ex.: **Où est la mairie? C'est de dernier édifice avant les jardins.** (Onde é a prefeitura? É o último edifício antes de chegar nos jardins.)

avec (com). Ex.: **couper avec un couteau.** (cortar com uma faca)

chez – Derivada do latim *casa*, chez utiliza-se para pessoas, traduzindo-se por: em casa de, na obra de, no local de trabalho, entre.
   Ex.: **Il est chez le dentiste.** (Ele está no dentista.)
   Il vient de chez le dentiste. (Ele vem do dentista.)
   Il va chez le dentiste. (Ele vai ao dentista.)
   chez lui (elle). (em casa dele ou dela)
   chez Molière. (na obra de Molière)
   chez les Grecs. (entre os gregos)

contre (contra). Ex.: **contre le mur** (contra a parede); **contre le bon sens** (contra o bom-senso)

dans
   – com significação de **lugar** (em, para):
      Ex.: **être dans la cuisine** (estar na cozinha)
      entrer dans la cuisine (entrar na cozinha)
      dans la rue (na rua)

   – com significação de **tempo** (em, dentro de):
      Ex.: **Je me présenterai dans le courant du mois.**
      (Apresentar-me-ei no decurso deste mês.)
      Il a promis d'être de retour dans trois jours.
      (Ele prometeu voltar dentro de três dias.)

   – em **sentido figurado** (em, de, a):
      Ex.: **être dans un grand danger** (estar em grande perigo)
      boire dans un verre (beber de um copo)
      prendre quelque chose dans le tiroir (tirar algo da gaveta)
      aller chercher quelque chose dans la chambre
      (ir buscar alguma coisa no quarto)

d'après (segundo, de acordo com). Ex.: **d'après les prescriptions de la loi** (segundo as determinações da lei)

de
- com significação de **lugar** (de):
  Ex.: **je viens de Paris** (venho de Paris)
  la bataille de Leipzig (a batalha de Leipzig)

- com significação de **tempo** (de). Ex.: **de jour et de nuit** (de dia e de noite)

- em **sentido figurado** (de, com):
  Ex.: **aimer de tout son coeur** (amar de todo o coração)
  manger de bon appétit (comer com apetite)

depuis (desde). Ex.: **depuis le premier mai** (desde o 1º de maio)

derrière (atrás de). Ex.: **derrière le mur** (atrás do muro)

dès (desde, a partir de). Ex.: **dès demain** (a partir de amanhã)

devant (diante de, em frente de). Ex.: **devant la porte** (em frente da porta)

en
- com significação de **lugar** (substantivo sem artigo!) – (em):
  Ex.: **en France** (na França)
  en ville – en province (na cidade – na província = na França menos Paris)
  en route (em viagem)

- com significação de **tempo** (em, no prazo de):
  Ex.: **en été, automne** (no verão, no outono)
  en dix jours (em (no prazo de) dez dias)

- em **sentido figurado** (a, em):
  Ex.: **en toute hâte** (a toda pressa)
  en secret (em segredo)

en dépit de (apesar de). Ex.: **en dépit de nos scrupules** (apesar dos nossos escrúpulos)

en face de (em frente de). Ex.: **en face de l'église** (em frente à igreja)

entre (entre) (dois ou mais elementos relacionados entre si).
  Ex.: **des pourparlers entre les deux ministres** (conversações entre os dois ministros)
  c'est l'usage entre nous (é costume entre nós)

envers (para com, em relação a – como expressão de uma atitude moral).
   Ex.: **être poli, grossier, ingrat envers quelqu'un** (ser delicado, grosseiro, ingrato para com alguém)

excepté (exceto). Ex.: **Tous avaient comparu, excepté la prévenue** (todos tinham comparecido, exceto a ré)

faute de (à falta de). Ex.: **faute de mieux** (à falta de melhor)

grâce à (graças à). Ex.: **grâce à votre bienveillance** (graças à sua benevolência)

hors de (fora de).
   Ex.: **hors de la ville** (fora da cidade)
      também em sentido figurado tem-se: être hors de danger (estar fora de perigo)

jusque (até).
   Ex.: **jusqu' à l' aéroport** (até ao aeroporto)
      com significação temporal: jusqu' à trois heures (até às três horas)

le long de (ao longo de). Ex.: **une promenade le long du lac** (um passeio ao longo do lago)

malgré (apesar de). Ex.: **malgré tous les efforts** (apesar de todos os esforços)

outre (além de). Ex.: **Outre ses romans, Victor Hugo a composé quelques drames.** (Além dos seus romances, Victor Hugo escreveu dramas.)

par
   – com significação de **lugar** (em, por):
      Ex.: **Nous allons passer par Lille.** (Vamos passar em (por) Lille.)

   – com significação de **tempo** (em, com):
      Ex.: **par une belle nuit d'été** (numa bela noite de verão)
         par le temps qui fait (com o tempo que faz)

   – em sentido figurado (por, de):
      Ex.: **regarder par la fenêtre** (olhar pela janela)
         aller par le métro (ir ao metrô)

parmi (no meio de, entre) (vários, mas sem ligação entre si).
   Ex.: **Nous l'avons trouvé parmi les blessés.** (Encontramo-lo entre os feridos.)
      Parmi eux il y a beacoup d'étrangers. (Entre eles há muitos estrangeiros.)

pendant (durante). Ex.: **pendant les vacances** (durante as férias)

pour
– com significação de **lugar** (para). Ex.: partir pour Paris (partir para Paris)

– em **sentido figurado** (para, por)
Ex.: **un film pour enfants** (um filme para crianças)
Nous l'estimons pour sa sincérité. (Nós o/a estimamos pela sinceridade.)

près de (perto de). Ex.: **près de l'Ópera** (perto do Ópera)

quant à (quanto a). Ex.: **quant aux prix** (quanto aos preços)

sans (sem). Ex.: **sans aucune raison** (sem razão alguma)

sauf (exceto). Ex.: **Il a tout acheté, sauf les outils.**
(Ele comprou tudo, exceto as ferramentas.)

selon (segundo, de acordo com). Ex.: **selon les lois** (segundo as leis)

sous (sob, debaixo de). Ex.: **sous les arbres** (debaixo das árvores)

suivant (segundo, conforme). Ex.: **suivant les règles** (segundo as regras)

sur
– com significação de **lugar** (sobre, em cima de):
Ex.: **mettre quelque chose sur la table** (pôr alguma coisa em cima da mesa)
sur les toits de Paris (sobre os telhados de Paris)

– em **sentido figurado**, em expressões como:
Ex.: **juger sur l'apparence** (julgar pelas aparências)
retenir sur le traitement (descontar no vencimento)
être sur le départ (estar de partida)
sur toutes choses (acima de tudo)
se venger sur quelqu'un (vingar-se de alguém)

vers
– com significação de **lugar**, designando a direção (para):
Ex.: **il se tourna vers elle** (ele virou-se para ela)
vers l'ouest (para ocidente)
– com a significação de tempo (por volta de, cerca de)
Ex.: **vers les six heures** (por volta das seis horas)

Pausa para um sorriso matreiro:

Amusons-nous!

Frederico, o Grande da Prússia, era apreciador da cultura francesa e... admirador ardente de belas mulheres. Como homenagem à cultura francesa, erigiu um palácio encantador próximo a Berlim e chamou-o de *Sans Souci*. Uma vez, convidou uma nobre muito bela para um *tête-à-tête* real, enviando-lhe esta mensagem:

$$\frac{p}{venez} \; à \; \frac{si}{100}$$

A dama respondeu com apenas duas letras: **G   a** que o rei interpretou corretamente.

Vamos agora à "tradução":

"Venez sous **p à 100** sous si." = Venez souper à Sans Souci *(Venha cear em Sans Souci)*

"**G** grand **a** petit." = J'ai grand appétit *(Tenho grande apetite)*

VII – O pronome

Há seis espécies de pronomes: pessoais, possessivos, demonstrativos, relativos, interrogativos e indefinidos.

1. Pronomes pessoais

a) Os pronomes sujeito:

	Singular	Plural
1ª pessoa	Je (eu)	Nous (nós)
2ª pessoa	Tu (você)	Vous (o senhor, a senhora, vocês)
3ª pessoa	Il (ele)	Ils (eles)
	Elle (ela)	Elles (elas)
	On (a gente, se)	

Os pronomes pessoais sujeito são colocados <u>antes</u> do verbo nas frases afirmativas e <u>depois</u> do verbo (ligados por um hífen) nas frases interrogativas.

Ex.: **Il vient.** (Ele vem.) **Vous partez.** (Vocês partem.)
Vient-il? (Vem ele?) **Partez-vous?** (Partem vocês?)

b) Os pronomes objeto:
Quando os pronomes pessoais entram na oração como objeto, tomam as seguintes formas:

me, moi (eu, me, mim)
te, toi (tu, te, ti)
le (o), **la** (a), **lui** (lhe), **se, elle**
nous (nós)
vous (vós)
les (os, as), **leur** (lhes), **eux** (eles), **elles**
y (nele, nela, neles, nelas, nisso, lá)
en (dele, dela, deles, delas, disso, de lá)

As formas de objeto também ficam antes do verbo, logo depois do sujeito, exceto no modo imperativo afirmativo.

Ex.: **Je te le donne.** (Eu to dou.)
Il me la dit. (Ele ma disse.)
Va-t'en! (Vai-te embora.)
Ne t'en va pas! (Não te vás.)
En voulez-vous? (Vocês querem disso?)
Allez-y! (Vão lá!)
Tais-toi! (Cala-te!)
Dites-le-lui! (Diga-lho!)

Notas importantes:

– A não ser no imperativo, <u>não se emprega</u>, em geral, o verbo sem sujeito.

– Se em português os pronomes sujeitos <u>eu</u>, <u>tu</u>, <u>ele</u>, <u>eles</u> não vêm acompanhados do verbo, traduzem-se em francês, respectivamente, por **moi, toi, lui, eux**.
Ex.: **Qui est là? – Moi.** (Quem está aí? – Eu.)
Qui a fait cela? – Lui. (Quem fez isto? – Ele.)
Moi et toi. (Eu e você.)
Elle et lui. (Ela e ele.)
Nous et eux. (Nós e eles.)
C'est moi. (Sou eu.)
Lui aussi. (Ele também.)

- Só podem ser regidos de preposições os seguintes: **moi, toi, lui, elle, soi, nous, vous, eux**.
    Ex.:   **Après moi.** (Depois de mim.)
           Derrière lui. (Atrás dele.)
           Pour elle. (Para ela.)
           Chez eux. (Na casa deles.)
           Avec nous. (Conosco.)

- Os pronomes <u>me</u> e <u>te</u>, quando têm de ir depois do verbo (no imperativo), substituem-se por **moi** e **toi**.
    Ex.:   **Donnez-moi.** (Dê-me.)
           Habille-toi. (Vista-se.)

- Mas, se vão seguidos de **en**, faz-se a seguinte contração: **donnez-m'en** (dê-me disso); **va-t'en** (vai-te).

- Quando os pronomes pessoais átonos, com funções de objeto direto e objeto indireto, se encontram antes do verbo, colocam-se os pronomes <u>me</u>, <u>te</u>, <u>se</u>, <u>nous</u>, <u>vous</u> antes de <u>le, la, les</u>; os pronomes <u>le, la, les</u> antes de <u>lui</u> e <u>leur</u>; e estes antes de <u>y</u> e <u>en</u>.

Objeto indireto		Objeto direto		Objeto indireto	
me se nous vous	Antes de	le la les	Antes de	lui leur	Antes de y e en

Ex.:   – On te raconte le film?
       – Oui, on me le raconte. (Contam-mo.)

       – Tu rends le livre à Marie?
       – Oui, je le lui rends. (Devolvo-lho.)

       – Tu parleras de ce sujet aux élèves?
       – Oui, je leur en parlerai. (Eu lhes falarei disso.)

Exceção no imperativo afirmativo:
    Ex.: **Donnez-le-moi.** (Dê-mo.)

– O pronome reflexivo: o pronome é assim chamado quando serve para formar os verbos pronominais.
   Ex.: **Je me couche.** Eu me deito.
   Tu te lèves. Tu te levantas.
   Il/Elle/On se lave. Ele/ela/se lava.
   Nous nous appelons. Nós nos chamamos.
   Vous vous intéressez. Vocês se interessam.
   Ils se rappellent. Eles se lembram.

O se pode indicar reciprocidade:
Ex.: **Ils se sont écrit.** (Eles se escreveram.)

2. Pronomes possessivos

Em francês, a denominação de possessivos se faz diferentemente: o que chamamos, em português, de pronome adjetivo possessivo, em francês é o **adjectif possessif** e o pronome substantivo possessivo é o **pronom possessif**.

Assim:

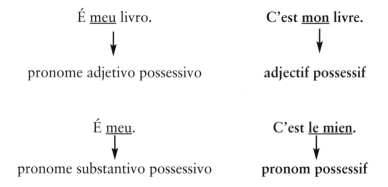

Os pronomes possessivos são:
   mon – ma – mes
   ton – ta – tes
   son – sa – ses
   notre – nos
   votre – vos
   leur – leurs

Quando alguém ou algo:

a) pertence a mim: **mon livre** – meu livro
ma gomme – minha borracha
mes crayons – meus lápis
mes feuilles – minhas folhas

b) pertence a você: **ton père** – teu pai
ta mère – tua mãe
tes frères – teus irmãos
tes soeurs – tuas irmãs

c) pertence a ele ou a ela (dele ou dela):
son bureau (o escritório/escrivaninha dele ou dela)
sa table (a mesa dele ou dela)
ses papiers (os papéis dele ou dela)
ses chaises (as cadeiras dele ou dela)

d) pertence a nós: **notre rêve** (nosso sonho)
Notre Dame (Nossa Senhora)
nos amis (nossos amigos)
nos amies (nossas amigas)

e) pertence a vocês, ao senhor, à senhora:
votre passeport (o passaporte do senhor, da senhora ou de vocês)
votre lettre (a carta do senhor, da senhora ou de vocês)
vos enfants (os filhos do senhor, da senhora ou de vocês)
vos clés (as chaves do senhor, da senhora ou de vocês)

f) pertence a eles ou a elas (deles ou delas):
leur quartier (o carro deles ou delas)
leur ville (a cidade deles ou delas)
leurs jardins (os jardins deles ou delas)
leurs rues (as ruas deles ou delas)

Como se vê, os adjetivos possessivos **não** admitem **artigos** antes deles; já os pronomes o têm sempre porque os **adjetivos** só se empregam junto com o substantivo e variam de acordo com ele em gênero e número.

Atenção: Antes dos nomes femininos no singular, que principiam por vogal e h mudo, empregam-se **mon, ton, son** em lugar de **ma, ta, sa**.

Ex.: ~~ma~~ université → mon   ~~ta~~ écharpe → ton   ~~sa~~ amie → son

Os pronomes substantivos possessivos são:

le mien (o meu)	**la mienne** (a minha)
le tien (o teu)	**la tienne** (a tua)
le sien (o dele ou dela)	**la sienne** (a dele ou a dela)
le nôtre (o nosso)	**la nôtre** (a nossa)
le vôtre (o de vocês, o do senhor, o da senhora)	**la vôtre** (a de vocês, a do senhor, a da senhora)
le leur (o deles ou delas)	**la leur** (a deles ou a delas)

No plural, junta-se um s a cada um dos gêneros.
Ex.: **les miens** (os meus), **les tiennes** (as tuas), **les leurs** (os, as deles ou delas)

Atenção: Os possessivos **nôtre, vôtre** e seus plurais só levam acento quando são pronomes.
Ex.: **Personne n'est sans défaut: j'ai les miens et tu as les tiens.**
(Ninguém é sem defeito: eu tenho os meus e você tem os teus.)

Leurs enfants sont dans le jardin. Où sont les nôtres?
(Os filhos deles estão no jardim. Onde estão os nossos?)
Il y a trois chambres dans mon appartement. Dans le sien il y en a quatre.
(Há três quartos no meu apartamento. No dele – ou dela – há quatro.)

À gauche, c'est ma salle et à droite, c'est la vôtre.
(À esquerda, é minha sala e à direita, é a do senhor – ou da senhora ou de vocês.)

Observação: Há uma outra forma de expressão de posse:
o verbo **être** + **à** + pronome pessoal

Ex.: **Ce livre est le mien.** (Este livro é o meu.)
Ce livre est à moi. (Este livro é meu.)

Cette maison est la sienne. (Esta casa é a dele/dela.)
Cette maison est à lui/à elle. (Esta casa é dele/dela.)

À qui sont ces chaussettes? À elle? (De quem são estas meias? Dela?)
Oui, ce sont ses chaussettes. (Sim, são as meias dela.)

À qui sont ces enfants? À eux? (De quem são estas crianças? Deles?)
Non, ce ne sont pas leurs enfants. (Não, não são os filhos deles.)

Aqui está um exemplo de emprego dos adjetivos possessivos e do feminino.

Contre le racisme

Ta voiture est japonaise,
ta pizza est italienne,
et ton couscous est algérien,
ta démocratie est grecque,
ton café est brésilien,
ta montre est suisse,
ta chemise est indienne,
ta radio est coréenne,
tes vacances sont turques,
tunisiennes ou marocaines,
tes chiffres sont arabes,
ton écriture est latine,
et... tu reproches à ton voisin d'être un étranger!

Contra o racismo

Teu carro é japonês,
tua pizza é italiana,
e teu cuscus é argelino,
tua democracia é grega,
teu café é brasileiro,
teu relógio de pulso é suíço,
tua camisa é indiana,
teu rádio é coreano,
tuas férias são turcas,
tunisianas ou marroquinas,
teus algarismos são árabes,
tua escrita é latina,
e... tu censuras teu vizinho de ser um estrangeiro?

E, com esta canção do guianense Henri Salvador você se lembrará sempre do emprego do adjetivo possessivo masculino antes de palavra feminina no singular começada por vogal:

Dans mon île

Henri Salvador

Dans mon île
Ah! Comme on est bien
Dans mon île
On ne fait jamais rien
On se dore au soleil qui nous caresse
Et l'on paresse
Sans songer à demain
Dans mon île
Ah! Comme il fait doux
Bien tranquille
Près de ma doudou
Sous le grand cocotier qui se balance
En silence
Nous rêvons de nous
Dans mon île
Un parfum d'amour
Se faufile
Dès la fin du jour
Elle accourt me tendant ses bras, docile
Douce et fragile
Dans ses plus beaux atours
Ses yeux brillent
Et ses cheveux bruns
S'éparpillent
Sur le sable fin
Et nour jouons au jeu d'Adam et Ève
Jeu facile
Qu'ils nous ont appris
Car mon île
C'est le paradis

Na minha ilha

Henri Salvador

Na minha ilha
Ah! Como a gente se sente bem
Na minha ilha
Não se faz nunca nada
Bronzeia-se ao sol que nos acaricia
E a gente se espreguiça
Sem pensar no amanhã
Na minha ilha
Ah! Como é fresquinho
Bem tranquilo
Perto da minha mulher
Sob o grande coqueiro que se balança
Em silêncio
Nós sonhamos conosco
Na minha ilha
Um perfume de amor
Se insinua
Desde o fim do dia
Ela corre me estendendo seus braços, dócil
Doce e frágil
Nos seus mais belos enfeites
Seus olhos brilham
E seus cabelos castanhos
Se espalham
Na areia fina
E nós brincamos o jogo de Adão e Eva
Jogo fácil
Que eles nos ensinaram
Pois minha ilha
É o paraíso

3. Pronomes relativos

Singular			Plural		
m + f	m	f	m + f	m	f
qui	lequel	laquelle	qui	lesquels	lesquelles
dont	duquel	de laquelle	dont	desquels	desquelles
à qui	auquel	à laquelle	à qui	auxquels	auxquelles
que	lequel	laquelle	que	lesquels	lesquelles

O pronome relativo mais usual é **qui** (que, quem), que tem função de sujeito e, tal como **dont** (do qual, da qual, dos quais, das quais, de quem, cujo(s), cuja(s)) e **que** (objeto direto), se aplica a pessoas e coisas, ficando invariável em gênero e número.

Observação: Depois de preposições usa-se, em vez de **que**, o pronome **qui** (quem), só referido a pessoas.
Ex.: **de qui** ∀ de quem
avec qui ∀ com quem
pour qui ∀ para quem
sans qui ∀ sem o/a qual

Quando é referido a coisas, usa-se **lequel**...
Ex.: **la ville dans lequelle**... ∀ a cidade na qual...

Atenção para o emprego de **dont** (de que, de quem, do qual, da qual, dos quais, das quais, cujo, cuja, cujos, cujas), a seguir ao qual se mantém a ordem normal das palavras na frase (sujeito – predicado – objeto).
Ex.: **Molière dont les comédies sont fameuses.**
(Molière cujas comédias são famosas.)
Le libraire dont suis client. (O livreiro de quem sou cliente.)
Le monsieur dont je connais le nom est malade.
(O senhor, cujo nome conheço, está doente.)

O pronome relativo **lequel** varia em gênero e número e usa-se:

1) Depois de preposição e referindo-se a coisas.
Ex.: **les provinces dans lesquelles**... ∀ as províncias nas quais...

2) Depois de **parmi** e **entre** (entre) e referindo-se a pessoas e coisas.
Ex.: **les touristes parmi lesquels**... ∀ os turistas entre os quais...
les parterres entre lesquels... ∀ os canteiros entre os quais...

3) Quando o substantivo ligado a cujo, do qual está antecedido de uma preposição.
Ex.: **M. Bertaux avec l'associé duquel...** ∀ o Senhor Bertaux, com cujo sócio...
la maison sur le toit de laquelle... ∀ a casa sobre cujo telhado...

4) Com o fim de evitar falta de clareza.
Ex.: **la femme de M. Bernaux, laquelle viendra demain...** ∀ a mulher do senhor Bernaux, a qual virá amanhã... (**qui** seria dúbio, pois poderia referir-se ao Sr. Bertaux).

Como pronomes relativos impessoais utilizam-se: **ce qui** como sujeito, **ce que** como objeto direto na acepção de o que, aquilo que.
Ex.: **Nous savons ce que vous avez dit.** (Nós sabemos o que você disse.)

Além disso, utiliza-se também **quoi** (forma de realce de **que**) a seguir a preposições relacionadas com coisas.
Ex.: **A-t-elle de quoi vivre?** (Ela tem com que viver?)
Il n'y a pas de quoi. (Não tem de quê.)

O pronome relativo **qui** usa-se também sem antecedente, com a função de sujeito ou de objeto.
Ex.: **Qui vivra verra.** (Quem viver verá.)
Invitez qui vous voudrez. (Convide quem quiser.)

4. Pronomes interrogativos

a) Pronomes adjetivos interrogativos

Singular		Plural	
masculino	feminino	masculino	feminino
quel?	**quelle?**	**quels?**	**quelles?**
(qual?)		(quais?)	

A forma adjetivada do pronome interrogativo concorda em gênero e número com o substantivo.
Ex.: **Quelle heure est-il?** (Que horas são?)
Quels sont vos principes? (Quais são os seus princípios?)

b) Pronomes substantivos interrogativos

– relativamente a pessoas, pergunta-se:

Qui?	quem? (sujeito) ou **qui est-ce qui?**
de qui?	de quem? ou **de qui est-ce que?**
à qui?	a quem? ou **à qui est-ce que?**
Qui?	quem? (complemento direto) ou **qui est-ce que?**

Ex.: **Qui a dit cela?** (Quem disse isso?)
À qui est-ce que tu as dit cela? (A quem disseste isso?)

– relativamente a coisas, pergunta-se:

qu'est-ce qui?	o quê? (sujeito)
de quoi?	de quê? ou **de quoi est-ce que**
à quoi?	para quê? ou **à quoi est-ce que?**
que?	o quê? (complemento direto) ou **qu'est-ce que?**

Ex.: **Qu'est-ce qui est impossible?** (O que é que é impossível?)
Que fais-tu? (Que fazes tu?)
Qu'est-ce que je vous disais? (O que é que eu vos dizia?)

Também relativamente a coisas se utiliza a forma de realce **quoi**, tanto isoladamente como a seguir a preposições.
Ex.: **Quoi? Vous ne le connaissez pas?** (O quê? Não o conhece?)
À quoi penses-tu? (Em que pensas?)

O pronome <u>lequel</u> se usa relativamente a pessoas e coisas em pequeno número de modo idêntico ao do pronome relativo **lequel**.
Ex.: **Lequel de ces messieurs est étranger?** (Qual desses senhores é estrangeiro?)
Laquelle de ces deux propositions vous plait? (Qual destas duas propostas lhe agrada?)

5. Pronomes indefinidos

a) Formas utilizadas como adjetivos:

chaque – cada
(**chaque client** – cada cliente; **chaque question** – cada pergunta)

maint, e muitos, muitas
(**à maintes reprises** – muitas vezes)

plusieurs – vários, várias
(**plusieurs villes** – várias cidades)

quelque – algum
(**quelque touriste** – algum turista; **quelques touristes** – alguns turistas)

quelconque – qualquer um/a
(**un projet quelconque** – qualquer projeto)

b) Formas utilizadas como substantivos

chacun, e – cada um, cada uma
(**chacun des douaniers** – cada um dos funcionários da alfândega; **chacune des questions** – cada uma das perguntas)
ne ... personne – ninguém
(**personne n'est venu** – ninguém veio; **je n'ai vu personne** – não vi ninguém)

ne ... rien – nada
(**rien n'est reglé** – nada está regularizado; **il ne sait rien** – ele não sabe nada)

on – se, nós, a gente (é muitas vezes utilizado na linguagem corrente em vez de **nous**) (**on refusera** por **nous refuserons** – recusar-se-á no sentido de nós recusaremos)

quelqu'un
quelqu'une   } alguém, alguns
quelques-uns
quelques-unes

quelqu'un l'a vue – alguém a viu
(**quelques-unes étaient venues** – algumas tinham vindo)
quelque chose – algo, alguma coisa
(**nous savons quelque chose de nouveau** – nós sabemos algo de novo)

quiconque – quem quer que seja
(**quiconque a commis ce crime** – quem quer que seja que tenha cometido este crime)

qui que – quem quer (que)
(**qui que ce soit** – quem quer que seja)

quoi que – o que quer que seja
(**quoi que vous fassiez** – o que quer que seja que você faça)

quel que – qualquer que
(**quels que soient vos projets** – quaisquer que sejam os seus projetos)

l'un(e) et l'autre um ao outro, uma à outra
(**ils se sont haïs l'un l'autre** – eles se odiaram um ao outro)

l'un(e) et l'autre – ambos, ambas (**l'un et l'autre ont affirmé** – ambos afirmaram)

c) Formas utilizadas como adjetivos e substantivos

aucun, e – nenhum(a), nem um(a)
Aucun client n'est venu – Não veio nem um cliente;
Je n'ai vu aucun client – Não vi nenhum cliente;
Combien d'amis as-tu rencontrés? – Aucun.
Quantos amigos encontraste? – Nenhum.

autre – outro, outra
um autre restaurant – um outro restaurante, mais um restaurante;
d'autres restaurants – outros restautrantes;
d'autres sont venus – vieram outros;
quelqu'un d'autre – algum outro.

Autre não se traduz em expressões como: **nous autres Français** – nós (os) franceses.

certain, e – certo, certa
un certain sourire – um certo sorriso;
certains sont d'avis... – certas pessoas acham que...

même – mesmo, mesma
lui-même – ele próprio;
elle-même – ela própria;
eux-mêmes – eles próprios;
elles-mêmes – elas próprias;
même [advérbio] **les Français** – até, mesmo os franceses

tel, le (um/a) – tal
une telle bêtise – um tal disparate:
des projets tels que... – projetos tais como...;
Monsieur un tel – fulano de tal

tout (todo, tudo);
toute (toda);
tous (todos);
toutes (todas)
Ex.: **tout village** – cada aldeia, todas as aldeias
toute ville – cada cidade
tout le village – toda a aldeia
toute la ville – toda a cidade
tous les villages – todas as aldeias
toutes les villes – todas as cidades
tout est prêt – está tudo pronto
tous m/pl.,toutes f/pl., ont ri – todas riram
elle était tout [advérbio!] **épatée** – ela estava completamente pasma.
elle était toute perplexe – ela estava completamente atônita.

Tous les visages de l'amour
Charles Aznavour
("She")

Toi
Parée de mille et un attraits
Tu ne sais jamais qui tu es
Tu changes si souvent de visage et d'aspect

Toi
Quel que soit ton âge et ton nom
Tu es un ange ou le démon
Quand, pour moi, tu prends tour à tour
Tous le visages de l'amour

Toi
Si Dieu ne t'avait modelée
Il m'aurait fallu te créer
Pour donner à ma vie
Sa raison d'exister

Toi
Qui es ma joie et mon tourment
Tantôt femme et tantôt enfant
Tu offres à mon coeur chaque jour
Tous les visages de l'amour

Todas as faces do amor
Charles Aznavour
("She")

Você
Embelezada por mil e um encantos,
Você não sabe nunca quem você é,
Você muda tão frequentemente de rosto e de aparência (semblante)

Você
Qualquer que seja sua idade e seu nome
Você é um anjo ou o demônio
Quando, para mim, você toma alternadamente
Todas as faces do amor

Você
Se Deus não a houvesse modelado
Ter-me-ia sido necessário criá-la
Para dar à minha vida
Sua razão de existir

Você
Que é minha alegria e meu tormento
Ora mulher e ora criança
Você oferece ao meu coração cada dia
Todas as faces do amor

Moi	Eu
Je suis le feu qui grandit ou qui meurt	Sou o fogo que cresce ou que morre
Je suis le vent qui rugit ou qui pleure	Sou o vento que ruge ou que chora
Je suis la force ou la faiblesse	Sou a força ou a fraqueza
Moi	Eu
Je pourrais défier le ciel et l'enfer	Poderia desafiar o céu e o inferno
Je pourrais dompter la terre et la mer	Poderia domar a terra e o mar
Et réinventer la jeunesse	E reinventar a juventude
Toi	Você
Viens faire de moi ce que tu veux	Venha fazer de mim o que você quiser
Un homme heureux ou malheureux	Um homem feliz ou infeliz
Un mot de toi	Uma palavra sua
Je suis poussière ou je suis Dieu	Sou poeira ou sou Deus
Toi	Você
Sois mon espoir, sois mon destin	Seja minha esperança, seja meu destino
J'ai si peur de mes lendemains	Tenho tanto medo dos meus dias de amanhã
Montre à mon âme sans secours	Mostre à minha alma sem socorro
Tous les visages de l'amour	Todas as faces do amor
Toi	Você
Tous les visages de l'amour	Todas as faces do amor

6. Pronomes demonstrativos

a) Pronomes adjetivos demonstrativos

	Singular		Plural
	masculino	feminino	masc. e fem.
	ce (este)	cette (esta)	ces (estes, estas)
	cet (este) – antes de vogal ou h mudo		

Ex.: **ce dictionnaire** (este dicionário)/**ces dictionnaires**
cet oiseau (este pássaro)/**ces oiseaux**
cet hôtel (este hotel)/**ces hôtels**
cette fille (esta moça)/**ces filles**
cette église (esta igreja)/**ces églises**
cette héroïne (esta heroína)/**ces héroïnes**

Para distinguir a aproximação ou a distância (este/aquele), acrescentam-se os advérbios **ci** e **là** ao substantivo, <u>ligados por um hífen</u>.
Ex.: **ces livres-ci** (estes livros)
ces livres-là (aqueles livros)
cette femme-ci (esta mulher)
cette femme-là (aquela mulher)

b) Pronomes substantivos demonstrativos

Singular	Plural		Neutro
masc. e fem.	masculino	feminino	
celle (a, aquela)	ceux (os, aqueles)	celles (as, aquelas)	ce (aquilo, o)
celle-ci (esta)	ceux-ci (estes)	celles-ci (estas)	ceci (isto)
celle-là (aquela)	ceux-là (aqueles)	celles-là (aquelas)	cela, ça (isto, aquilo)

Ex.: **Voilà mes livres et ceux de Pierre.**
(Aí estão meus livros e os de Pedro.)

Donnez-moi vos cahiers et ceux qui sont sur la table.
(Deem-me os cadernos de vocês e aqueles que estão sobre a mesa.)

Fais ce que je te dis.
(Faça o que te digo.)

Ceci est à moi et cela est à toi.
(Isto é meu e aquilo é teu.)

Laquelle des deux chansons préférez-vous, celle-ci ou celle-là?
(Qual das duas canções vocês preferem, esta ou aquela?)

Observação:
– O pronome **ce** emprega-se somente <u>antes</u> do verbo **être** e do relativo **qui, que, dont**.
   Ex.: **C'est moi.** (Sou eu.)
   C'est vrai. (É verdade.)
   C'est nous. (Somos nós.)
   Comprenez-vous ce que je vous dis?
   (Vocês compreendem o que eu digo a vocês?)
   Je ne sais pas ce dont il s'agit.
   (Eu não sei do que se trata.)

– O pronome **ça** é empregado em algumas expressões:
   Ex.: **Ça va?** (Tudo bem?)
   Ça y est. (Pronto.)
   C'est ça. (É isso mesmo.)
   Comme ça. (Assim.)
   Comme ci comme ça. (Mais ou menos)
   Ça ne fait rien. (Não tem importância.)

Atenção: cela é mais empregado na linguagem escrita, e ça, na falada.

VIII – Conjunção

Vale lembrar que são <u>conectivos</u>, ou seja, <u>elementos de ligação</u>.

a) Conjunções coordenativas: coordenam palavras ou orações da mesma natureza. Elas podem ser:

1. Aditivas: **et** (e), **ni** (nem).

2. Adversativas: **mais** (mas, porém), **cependant** (entretanto), **pourtant** (portanto), **néanmoins** (contudo – linguagem escrita).

3. Alternativas: **ou** (ou), **ou bien** (ou então), **soit ... soit** (seja ... seja), **tantôt ... tantôt** (ora ... ora).

4. conclusivas: **donc** (logo, portanto), **aussi** (por isso – em início de frase), **ainsi** (do mesmo modo, por conseguinte), **par conséquent** (por conseguinte), **c'est pourquoi** (por isso, eis por que).

5. Explicativas: **car** (pois, porque), **en effet** (com efeito, pois), **c'est-à-dire** (isto é).

Ex.: **J'aime le cinéma et le théâtre.**
(Gosto de cinema e de teatro.)

L'homme propose et Dieu dispose.
(O homem propõe e Deus dispõe.)

Il n'avait ni faim ni soif.
(Ele não tinha nem fome nem sede.)

Il se plaint, cependant il a de la chance.
(Ele se queixa, entretanto ele tem sorte.)

Les résultats sont meilleurs, mais encore insuffisants.
(Os resultados estão melhores, mas ainda insuficientes.)

Dans l'ensemble, il était satisfait de son séjour, toutefois il regrettait le manque de soleil.
(No conjunto, ele estava satisfeito da estada dele, todavia ele lamentava a falta de sol.)

Il a subi une grave intervention chirurgicale, il ne sera donc pas là.
(Ele sofreu uma grave intervenção cirúrgica, ele não estará então aí.)

Le montant était supérieur à ce qui avait été fixé, aussi refusa-t-elle de payer.
(O montante era superior ao que havia sido fixado, por isso, ela se recusou a pagar.)

Il y a eu de nombreuses candidatures, par conséquent le choix est difficile.
(Houve numerosas candidaturas, por conseguinte a escolha é difícil.)

Il ne viendra pas ce soir car il est parti en vacances.
(Ele não virá esta noite, pois partiu em férias.)

Que désirez-vous: entrer ou sortir?
(O que vocês desejam: entrar ou sair?)

Ce que vous gagnez d'un côté, vous le perdez de l'autre: ainsi l'affaire est sans intérêt.
(O que vocês ganham de um lado, perdem do outro: por conseguinte, o negócio é sem interesse.)

J'ai perdu mon briquet, c'est-à-dire que j'ai dû le laisser dans la voiture.
(Perdi meu isqueiro, isto é, devo tê-lo deixado no carro.)

b) Conjunções subordinativas: subordinam orações, isto é, marcam uma relação de dependência entre a oração subordinada e a oração principal. Elas podem ser:

1. Integrantes: **que** (que), **si** (se).

2. Temporais: **quand** (quando), **lorsque** (quando), **pendant que** (enquanto que), **tandis que** (enquanto que – com uma forte ideia de oposição), **alors que** (quando – também insiste na oposição), **après que** (depois que), **dès que** (logo que, mal), **aussitôt que** (assim que), **depuis que** (desde que), **avant que** (antes que), **en attendant que** (até que), **jusqu'à ce que** (até que).

3. Causais: **comme** (como, visto que – quando a causa vem antes da consequência), **parce que** (porque), **puisque** (já que – uma causa já conhecida ou admitida), **du moment que** (já que, visto que), **étant donné** que (visto que).

4. Finais: **afin que** (a fim de que), **pour que** (para que), **de peur que** (receando que).

5. Consecutivas: **si ... que** (tão ... que), **si bien que** (de tal modo que), **tellement que** (de tal modo que), **tant ... que** (tanto ... que), **tel ... que** (tal ... que), **sans que** (sem que), **de façon que** (de modo que), **de manière que** (de maneira que), **de sorte que** (de sorte que).

6. Condicionais: **si** (se), **au cas où** (caso), **à condition que** (contanto que), **à moins que** (a não ser que), **pourvu que** (contanto que), **si ce n'est que** (a não ser que).

7. Concessivas: **quoique** (embora – linguagem escrita), **bien que** (ainda que), **encore que** (ainda que – literário), **quand même** (ainda que).

8. Comparativas: **comme** (como), **de même que** (assim como), **ainsi que** (como), **aussi ... que** (tão ... como), **autant que** (tanto quanto), **moins ... que** (menos que), **plus ... que** (mais ... do que).

   Ex.: **Je veux que tu réussisses.**
   (Quero que você consiga.)

Il est vrai qu'il pleut.
(É verdade que chove.)

Je ne sais pas s'il viendra.
(Não sei se ele virá.)

Il ira quand il aura fini.
(Ele irá quando ele tiver acabado.)

Lorsque tu seras à Paris, téléphone-moi.
Quando estiveres em Paris, telefona-me.)

Il perd son temps, alors que son travail n'est pas fait.
(Ele perde tempo, enquanto que seu trabalho não está feito.)

Tu t'amuses, tandis que moi, je travaille.
(Você se diverte, enquanto que eu, eu trabalho.)

Je vous rejoindrai aussitôt que je pourrai.
(Juntar-me-ei a vocês logo que puder.)

Reste là jusqu'à ce que je revienne.
(Fique aí até que eu volte.)

Comme il ne vient pas, je m'en vais.
(Como ele não vem, eu vou embora.)

Puisque vous avez très souvent mal à la tête, faites-vous examiner les yeux.
(Já que o senhor tem muito frequentemente dor de cabeça, faça-se examinar os olhos.)

Il crie afin qu'on l'entende.
(Ele grita a fim de que o ouçam.)

De peur que vous soyez surpris, je vous préviens à l'avance.
(Receando que vocês fiquem surpresos, eu vos previno antecipadamente.)

La douceur du climat l'avait enchantée, si bien qu'elle prolongea ses vacances.
(A suavidade do clima a tinha encantado, de tal modo que ela prolongou as férias dela.)

Il est si habile qu'il peut réussir.
(Ele é tão hábil que ele pode conseguir.)

Tu as fait un tel bruit que tout le monde a été réveillé.
(Você fez um tal barulho que todo mundo foi acordado.)

Si le temps est beau, je sortirai. (hipótese sobre o futuro)
(Se o tempo estiver bom, eu sairei.)

*****Si j'avais de l'argent, je changerais de voiture.** (hipótese sobre o presente)
(Se eu tivesse dinheiro, eu mudaria de carro.)

Hier, si je n'étais pas parti en retard, je n'aurais pas raté le train.
(hipótese sobre o passado)
(Ontem, se eu não tivesse saído atrasado, eu não teria perdido o trem.)

J'accepte les opinions des autres, pourvu qu'ils me laissent penser ce que je veux.
(Aceito as opiniões dos outros, contanto que eles me deixem pensar o que eu quiser.)

Au cas où tu passerais par ici, viens me voir.
(Caso você passe por aqui, venha me ver.)

Il est venu, quoiqu'on le lui ait défendu.
(Ele veio, embora lho tenham proibido.)

Bien qu'il ait plus de 75 ans, il fait encore de la bicyclette.
(Embora ele tenha mais de 75 anos, ele ainda anda de bicicleta.)

Il parle comme il écrit.
(Ele fala como escreve.)

Cette voiture coûte autant que l'autre.
(Este carro custa tanto quanto o outro.)

La calomnie se glissait insidieusement, ainsi qu'un poisson subtil.
(A calúnia se introduzia – se insinuava – traiçoeiramente como um peixe astuto.)

* **Observação importante sobre a hipótese:**

Vimos em três exemplos mais acima como a conjunção si pode introduzir três tipos de hipóteses:

1) si + presente do indicativo + futuro/presente: indica que a realização da condição é possível.

   Ex.:   Si je peux, je passe (passerai) te voir ce soir.
   (Se eu puder, passo para te ver esta noite.)

2) si + imperfeito do indicativo + futuro do pretérito: já esta construção indica que a realização da condição não é possível no presente.
   Ex.:   Si je pouvais, je passerais te voir ce soir (mais ce n'est pas possible).
   (Se eu pudesse eu passaria para te ver (mas <u>não</u> é possível).)

3) si + mais-que-perfeito composto do indicativo + futuro do pretérito composto: indica que a realização da condição não era mais possível no passado.
   Ex.:   Si j'avais pu, je serais passé te voir hier soir.
   (Se eu tivesse podido, eu teria passado para te ver ontem à noite (mas <u>não</u> era possível).)

Atenção: Depois do **si** (condicional) <u>não</u> podemos usar o **futur simple** (futuro do presente) nem o **conditionnel** (futuro do pretérito) em francês!

---

si + présent + futur simple/présent

si + imparfait + conditionnel

si + plus.que. parfait + conditionnel passé

Um exemplo, dos melhores, do emprego das hipóteses, observa-se, a seguir:

Moments
Instantes

Jorge Luis Borges (poète argentin)
(poeta argentino)

Si je pouvais vivre à nouveau, dans la prochaine vie j'essaierais de commettre plus d'erreurs.
Se eu pudesse viver novamente a minha vida, na próxima trataria de cometer mais erros.

Je ne chercherais pas d'être parfait, je serais plus détendu (fou).
Não tentaria ser tão perfeito, relaxaria mais.

Je serais encore plus fou (sot) que je le suis, en réalité je prendrais au sérieux très peu de choses.
Seria mais tolo ainda mais do que tenho sido, na verdade bem poucas coisas levaria a sério.

Je serais moins soigné.
Seria menos higiênico.

Je courrais plus de risques, je voyagerais davantage (plus), je contemplerais plus de couchers de soleil, j'escaladerais plus de montagnes, je nagerais dans plus de rivières.
Correria mais riscos, vigiaria mais, contemplaria mais amanheceres, subiria mais montanhas, nadaria mais rios.

J'irais à (dans) plus d'endroits où je ne suis jamais allé, je mangerais plus de glaces et moins de lentilles, j'aurais plus de problèmes réels et moins de problèmes immaginaires.
Iria a lugares aonde nunca fui, tomaria mais sorvetes e menos lentilhas, teria mais problemas reais e menos problemas imaginários.

J'ai été une de ces personnes qui ont vécu d'une manière sensée et productive chaque minute de leur vie; j'ai eu bien sûr des moments de joie.
Eu fui uma dessas pessoas que viveu sensata e produtivamente cada minuto da sua vida; claro que tive momentos de alegria.

Mais, si je revivais j'essaierais de n'avoir que de bons moments.
Mas, se pudesse voltar a viver, trataria de ter somente bons momentos.

Parce que, si vous ne le savez pas, c'est de cela qu'est faite la vie, seulement des moments, ne perdez pas (manquez pas) le présent (le maintenant).
Porque, se não sabem, disso é feita a vida, só de momentos, não percas o agora.

J'étais um de ceux qui n'allaient jamais quelque part sans leur thermomètre, leur bouillotte, leur parapluie et leur parachute; si je revivais, je voyagerais plus léger.
Eu era um desses que nunca ia a parte alguma sem um termômetro, uma bolsa de água quente, um guarda-chuva e um paraquedas; se voltasse a viver, viajaria mais leve.

Si je pouvais revivre, je me mettrais (je commencerais) à marcher pieds-nus dès le début du printemps et je continuerais (resterais) ainsi jusqu'à la fin de l'automne.
Se eu pudesse voltar a viver, começaria a andar descalço no começo da primavera e continuaria assim até o fim do outono.

Je me promènerais plus dans ma rue, je contemplerais plus de levers de soleil et je jouerais avec plus d'enfants, si j'avais encore une autre vie devant moi.
Daria mais voltas na minha rua, contemplaria mais amanheceres e brincaria com mais crianças se tivesse outra vez uma vida pela frente.

Mais, comme vous l'avez déjà constaté, j'ai 85 ans et je sais que je meurs.
Mas, já viram, tenho 85 anos e sei que estou morrendo.

O argentino Jorge Luis Borges morreu na Suíça, em 1987, e é considerado um dos maiores escritores do século.

IX – Verbo

Os verbos franceses estão agrupados em três conjugações que se distinguem pela terminação do infinitivo, ou seja:

1ª – er
2ª – ir
3ª – ir, oir, re

Observa-se que:

1 – Os verbos da 1ª conjugação, no presente do indicativo, terão sempre as mesmas terminações:

je _____	e
tu _____	es
il / elle / on	e
nous _____	ons
vous _____	ez
ils / elles	ent

A pronúncia é a mesma na 1ª, 2ª e 3ª pessoas do singular e na 3ª pessoa do plural.

Parler (falar)

PRÉSENT (presente)	IMPÉRATIF (imperativo)	PASSÉ COMPOSÉ (pretérito perfeito)
je parle (eu falo)		j'ai parlé (eu falei)
tu parles	parle (fale)	tu as parlé
il/elle/on parle		il/elle/on a parlé
nous parlons	parlons (falemos)	nous avons parlé
vous parlez	parlez (fale/falem)	vous avez parlé
ils/elles parlent		ils/elles ont parlé

Conjugam como **parler**: **aimer** (amar e gostar), **arriver** (chegar), **chanter** (cantar), **déjeuner** (almoçar), **dîner** (jantar), **étudier** (estudar), **inviter** (convidar), **laisser** (deixar), **marcher** (caminhar), **trouver** (achar) e mais 90% dos verbos em francês.

Verbos pronominais em – er

Se laver (lavar-se)

PRÉSENT			IMPÉRATIF	PASSÉ COMPOSÉ			
je	me	lave (eu me lavo)		je	me	suis	lavé(e) (eu me lavei)
tu	te	laves	lave-toi	tu	t'	es	lavé(e)
il/elle/on	se	lave		il/elle/on	s'	est	lavé(e)
nous	nous	lavons	lavons-nous	nous	nous	sommes	lavé(e)s
vous	vous	lavez	lavez-vous	vous	vous	êtes	lavé(e)(s)
ils/elles	se	lavent		ils/elles	se	sont	lavé(e)s

Conjugam como **se laver**: **se présenter** (apresentar-se), **se réveiller** (acordar), **se coucher** (deitar-se), **s'appeler** (chamar-se), **s'amuser** (divertir-se).

Verbos em – ger ∀ g/ge

Manger (comer)

PRÉSENT		IMPÉRATIF	PASSÉ COMPOSÉ		
je	mange (eu como)		j'	ai	mangé (eu comi)
tu	manges	mange	tu	as	mangé
il/elle/on	mange		il/elle/on	a	mangé
nous	mang**eons**	mangeons	nous	avons	mangé
vous	mangez	mangez	vous	avez	mangé
ils/elles	mangent		ils/elles	ont	mangé

Conjugam como **manger**: **partager** (dividir, compartilhar), **voyager** (viajar), **nager** (nadar) etc.

Verbos em – cer: c/ç

Commencer (começar)

PRÉSENT		IMPÉRATIF	PASSÉ COMPOSÉ		
je	commence (eu começo)		j'	ai	commencé (eu comecei)
tu	commences	commence	tu	as	commencé
il/elle/on	commence		il/elle/on	a	commencé
nous	commen**ç**ons	commen**ç**ons	nous	avons	commencé
vous	commencez	commencez	vous	avez	commencé
ils/elles	commencent		ils/elles	ont	commencé

Conjugam como **commencer**: **effacer** (apagar), **placer** (colocar), **prononcer** (pronunciar) etc.

Verbos em – eler ∀ l / ll

Appeler (chamar)

PRÉSENT		IMPÉRATIF	PASSÉ COMPOSÉ		
j'	appelle (eu chamo)		j'	ai	appelé (eu chamei)
tu	appel**l**es	appelle	tu	as	appelé
il/elle/on	appelle		il/elle/on	a	appelé
nous	appelons	appelons	nous	avons	appelé
vous	appelez	appelez	vous	avez	appelé
ils/elles	appel**l**ent		ils/elles	ont	appelé

Conjugam como **appeler**: **rappeler** (lembrar), **épeler** (soletrar).

Atenção: Escrevemos **ll** <u>antes</u> de **e**, **es** e **ent**.

Verbos em – eter ∀ t/tt

Jeter (jogar)

PRÉSENT		IMPÉRATIF	PASSÉ COMPOSÉ		
je	jette (eu jogo)		j'	ai	jeté (eu joguei)
tu	jettes	jette	tu	as	jeté
il/elle/on	jette		il/elle/on	a	jeté
nous	jetons	jetons	nous	avons	jeté
vous	jetez	jetez	vous	avez	jeté
ils/elles	jettent		ils/elles	ont	jeté

Conjugam como **jeter**: **projeter** (projetar), **feuilleter** (folhear).

Atenção: Escrevemos tt antes de e, es e ent.

Verbos em – e + consoante + – er ∀ e/è

Acheter (comprar)

PRÉSENT		IMPÉRATIF	PASSÉ COMPOSÉ		
j'	achète (eu compro)		j'	ai	acheté (eu comprei)
tu	achètes	achète	tu	as	acheté
il/elle/on	achète		il/elle/on	a	acheté
nous	achetons	achetons	nous	avons	acheté
vous	achetez	achetez	vous	avez	acheté
ils/elles	achètent		ils/elles	ont	acheté

Conjugam como **acheter**: **enlever** (tirar), **peser** (pesar), **se lever** (levantar-se), **se promener** (passear), **mener** (levar) etc.

Atenção: Colocamos o acento grave no e antes de e, es e ent.

Verbos em   – é + consoante + – er ∀ é/è

Préférer (preferir)

PRÉSENT		IMPÉRATIF	PASSÉ COMPOSÉ		
je	préfère (eu prefiro)		j'	ai	préféré (eu preferi)
tu	préfères	préfère	tu	as	préféré
il/elle/on	préfère		il/elle/on	a	préféré
nous	préférons	préférons	nous	avons	préféré
vous	préférez	préférez	vous	avez	préféré
ils/elles	préfèrent		ils/elles	ont	préféré

Conjugam como **préférer**: **posséder** (possuir), **exagérer** (exagerar), **espérer** (esperar), **répéter** (repetir), **compléter** (completar) etc.

Atenção: Escrevemos è <u>antes</u> de **e, es** e **ent**.

Verbos em   – oyer ∀ y/i

Envoyer (enviar)

PRÉSENT		IMPÉRATIF	PASSÉ COMPOSÉ		
j'	envo*ie* (eu envio)		j'	ai	envoyé (eu enviei)
tu	envo**i**es	envo**i**e	tu	as	envoyé
il/elle/on	envo**i**e		il/elle/on	a	envoyé
nous	envo**y**ons	envo**y**ons	nous	avons	envoyé
vous	envo**y**ez	envo**y**ez	vous	avez	envoyé
ils/elles	envo**i**ent		ils/elles	ont	envoyé

Conjugam como **envoyer**: **employer** (empregar), **nettoyer** (limpar), **se noyer** (afogar-se) etc.

Atenção: Trocamos o **y** pelo **i** <u>antes</u> de **e, es** e **ent**.

Verbos em – uyer ∀ y/i

S'ennuyer (entediar-se)

PRÉSENT			IMPÉRATIF	PASSÉ COMPOSÉ			
je	m'	ennuie		je	me	suis	ennuyé(e) (entediei)
tu	t'	ennuies	ne t'ennuie pas	tu	t'	es	ennuyé(e)
il/elle/on	s'	ennuie		il/elle/on	s'	est	ennuyé(e)
nous	nous	ennuyons	ne nous ennuyons pas	nous	nous	sommes	ennuyé(e)s
vous	vous	ennuyez	ne vous ennuyez pas	vous	vous	êtes	ennuyé(e)(s)
ils/elles	s'	ennuient		ils/elles	se	sont	ennuyé(e)s

Conjugam como **s'ennuyer**: **s'essuyer** (enxugar-se), **s'appuyer** (apoiar-se).

Atenção: Trocamos o y pelo i <u>antes</u> de e, es e ent.

Verbos em – oyer ∀ y/i

Payer (pagar)

PRÉSENT		IMPÉRATIF	PASSÉ COMPOSÉ		
je	paye/pa*ie*		j'	ai	payé (eu paguei)
tu	payes/paies	paye/pa*ie*	tu	as	payé
il/elle/on	paye/paie		il/elle/on	a	payé
nous	payons	payons	nous	avons	payé
vous	payez	payez	vous	avez	payé
ils/elles	payent/paient		ils/elles	ont	payé

Conjugam como **payer**: **rayer** (riscar), **balayer** (varrer).

Atenção: Nestes verbos podemos ou não trocar o y pelo i <u>antes</u> de e, es e ent. A pronúncia vai mudar.

Assim:
Je paie – leia [pé]
   paye – leia [péie]

2 – Os verbos da 2ª conjugação (– ir) têm nas pessoas do plural a presença de ss:

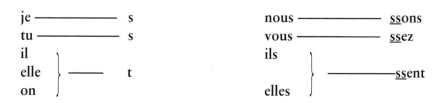

Finir (acabar)

PRÉSENT		IMPÉRATIF	PASSÉ COMPOSÉ		
je	finis (eu acabo)		j'	ai	fini (acabei)
tu	finis	finis	tu	as	fini
il/elle/on	finit		il/elle/on	a	fini
nous	finissons	finissons	nous	avons	fini
vous	finissez	finissez	vous	avez	fini
ils/elles	finissent		ils/elles	ont	fini

Também são da 2ª conjugação: **choisir** (escolher), **vieillir** (envelhecer), **grandir** (crescer), **grossir** (engordar), **maigrir** (emagrecer), **obéir** (obedecer) etc.

3 – Os verbos da 3ª conjugação, os terminados em <u>ir</u> (mas sem a presença dos ss), <u>re</u> e <u>oir</u> têm as seguintes desinências:

s/s/t/ons/ez/ent —— ex.: **partir**
s/s/d/ons/ez/ent —— ex.: **attendre** (esperar)
e/es/e/ons/ez/ent —— ex.: **ouvrir** (abrir), **offrir** (oferecer)
x/x/t/ons/ez/ent —— ex.: **vouloir** (querer)

Exceções: Apenas três verbos não possuem ez na 2ª pessoa do plural:

   être (ser, estar) — **vous êtes**
   dire (dizer) — **vous dites**
   faire (fazer) — **vous faites**

E somente quatro verbos não terminam em **ent** na 3ª pessoa do plural:

être (ser, estar) — ils sont
avoir (ter) — ils ont
faire (fazer) — ils font
aller (ir) — ils vont

Être (ser, estar)

PRÉSENT		IMPÉRATIF	PASSÉ COMPOSÉ		
je	suis (sou, estou)		j'	ai	été (fui, estive)
tu	es	sois	tu	as	été
il/elle/on	est		il/elle/on	a	été
nous	sommes	soyons	nous	avons	été
vous	êtes	soyez	vous	avez	été
ils/elles	sont		ils/elles	ont	été

Avoir (ter)

PRÉSENT		IMPÉRATIF	PASSÉ COMPOSÉ		
j'	ai (tenho)		j'	ai	eu (tive)
tu	as	aie	tu	as	eu
il/elle/on	a		il/elle/on	a	eu
nous	avons	ayons	nous	avons	eu
vous	avez	ayez	vous	avez	eu
ils/elles	ont		ils/elles	ont	eu

Courir (correr)

PRÉSENT		IMPÉRATIF	PASSÉ COMPOSÉ		
je	cours (corro)		j'	ai	couru (corri)
tu	cours	cours	tu	as	couru
il/elle/on	court		il/elle/on	a	couru
nous	courons	courons	nous	avons	couru
vous	courez	courez	vous	avez	couru
ils/elles	courent		ils/elles	ont	couru

Conjugam como **courir**: **secourir** (socorrer), **parcourir** (percorrer).

Partir (partir)

PRÉSENT		IMPÉRATIF	PASSÉ COMPOSÉ		
je	pars (parto)		je	suis	parti(e) (parti)
tu	pars	pars	tu	es	parti(e)
il/elle/on	part		il/elle/on	est	parti(e)
nous	partons	partons	nous	sommes	parti(e)s
vous	partez	partez	vous	êtes	parti(e)(s)
ils/elles	partent		ils/elles	sont	parti(e)s

Conjugam como **partir**: **dormir, mentir, sentir, sortir** (sair), **servir**.

Ouvrir (abrir)

PRÉSENT		IMPÉRATIF	PASSÉ COMPOSÉ		
j'	ouvre (abro)		j'	ai	ouvert (abri)
tu	ouvres	ouvre	tu	as	ouvert
il/elle/on	ouvre		il/elle/on	a	ouvert
nous	ouvrons	ouvrons	nous	avons	ouvert
vous	ouvrez	ouvrez	vous	avez	ouvert
ils/elles	ouvrent		ils/elles	ont	ouvert

Conjugam como **ouvrir**: **découvrir** (descobrir), **offrir** (oferecer).

Venir (vir)

PRÉSENT		IMPÉRATIF	PASSÉ COMPOSÉ		
je	**viens** (venho)		je	suis	venu(e) (vim)
tu	**viens**	viens	tu	es	venu(e)
il/elle/on	**vient**		il/elle/on	est	venu(e)
nous	ven**ons**	venons	nous	sommes	venu(e)s
vous	ven**ez**	venez	vous	êtes	venu(e)(s)
ils/elles	**viennent**		ils/elles	sont	venu(e)s

Conjugam como **venir**: **devenir** (tornar-se), **revenir** (voltar), **se souvenir** (lembrar-se), **appartenir** (pertencer).

Lire (ler)

PRÉSENT		IMPÉRATIF	PASSÉ COMPOSÉ		
je	lis (leio)		j'	ai	lu (li)
tu	lis	lis	tu	as	lu
il/elle/on	lit		il/elle/on	a	lu
nous	lisons	lisons	nous	avons	lu
vous	lisez	lisez	vous	avez	lu
ils/elles	lisent		ils/elles	ont	lu

Dire (dizer)

PRÉSENT		IMPÉRATIF	PASSÉ COMPOSÉ		
je	dis (digo)		j'	ai	**dit** (disse)
tu	dis	dis	tu	as	**dit**
il/elle/on	dit		il/elle/on	a	**dit**
nous	disons	disons	nous	avons	**dit**
vous	**dites**	**dites**	vous	avez	**dit**
ils/elles	disent		ils/elles	ont	**dit**

Écrire (escrever)

PRÉSENT		IMPÉRATIF	PASSÉ COMPOSÉ		
je	écris (escrevo)		j'	ai	écrit (escrevi)
tu	écris	écris	tu	as	écrit
il/elle/on	écrit		il/elle/on	a	écrit
nous	écrivons	écrivons	nous	avons	écrit
vous	écrivez	écrivez	vous	avez	écrit
ils/elles	écrivent		ils/elles	ont	écrit

Rire (rir)

PRÉSENT		IMPÉRATIF	PASSÉ COMPOSÉ		
je	ris (rio)		j'	ai	ri (ri)
tu	ris	ris	tu	as	ri
il/elle/on	rit		il/elle/on	a	ri
nous	rions	rions	nous	avons	ri
vous	riez	riez	vous	avez	ri
ils/elles	rient		ils/elles	ont	ri

Entendre (ouvir)

PRÉSENT		IMPÉRATIF	PASSÉ COMPOSÉ		
j'	entends (ouço)		j'	ai	entendu (ouvi)
tu	entends	entends	tu	as	entendu
il/elle/on	entend		il/elle/on	a	entendu
nous	entendons	entendons	nous	avons	entendu
vous	entendez	entendez	vous	avez	entendu
ils/elles	entendent		ils/elles	ont	entendu

Conjugam como **entendre**: **attendre** (esperar), **descendre** (descer), **vendre** (vender), **répondre** (responder) etc.

Prendre (tomar, pegar)

PRÉSENT		IMPÉRATIF	PASSÉ COMPOSÉ		
je	prends (pego, tomo)		j'	ai	pris (tomei, peguei)
tu	prends	prends	tu	as	pris
il/elle/on	prend		il/elle/on	a	pris
nous	prenons	prenons	nous	avons	pris
vous	prenez	prenez	vous	avez	pris
ils/elles	prennent		ils/elles	ont	pris

Conjugam como **prendre**: **apprendre** (ensinar e aprender), **comprendre** (compreender) etc.

Boire (beber)

PRÉSENT		IMPÉRATIF	PASSÉ COMPOSÉ		
je	bois (bebo)		j'	ai	**bu** (bebi)
tu	bois	bois	tu	as	**bu**
il/elle/on	boit		il/elle/on	a	**bu**
nous	**buvons**	**buvons**	nous	avons	**bu**
vous	**buvez**	**buvez**	vous	avez	**bu**
ils/elles	boi**vent**		ils/elles	ont	**bu**

Faire (fazer)

PRÉSENT		IMPÉRATIF	PASSÉ COMPOSÉ		
je	fais (faço)		j'	ai	**fait** (fiz)
tu	fais	fais	tu	as	**fait**
il/elle/on	fait		il/elle/on	a	**fait**
nous	**faisons**	**faisons**	nous	avons	**fait**
vous	**faites**	**faites**	vous	avez	**fait**
ils/elles	**font**		ils/elles	ont	**fait**

Aller (ir)

PRÉSENT		IMPÉRATIF	PASSÉ COMPOSÉ		
je	**vais** (vou)		je	suis	**allé(e)** (fui)
tu	**vas**	**va**	tu	es	**allé(e)**
il/elle/on	**va**		il/elle/on	est	**allé(e)**
nous	**allons**	**allons**	nous	sommes	**allé(e)s**
vous	**allez**	**allez**	vous	êtes	**allé(e)(s)**
ils/elles	**vont**		ils/elles	sont	**allé(e)s**

A seguir, leia duas poesias de Jacques Prévert (1900-1977) e observe que o **passé composé** pode ser empregado não só no dia a dia mas também em textos poéticos. Em seguida, como exercício, escreva-as no presente do indicativo.

Pour toi mon amour

Je suis allé au marché aux oiseaux
Et j'ai acheté des oiseaux
Pour toi
Mon amour
Je suis allé au marché aux fleurs
Et j'ai acheté des fleurs
Pour toi
Mon amour
Je suis allé au marché à la ferraille
Et j'ai acheté des chaînes
De lourdes chaînes
Pour toi
Mon amour
Et puis je suis allé au marché aux esclaves
Et je t'ai cherchée
Mais je ne t'ai pas trouvée
Mon amour.

Para você, meu amor

Eu fui ao mercado de pássaros
E eu comprei pássaros
Para você
Meu amor
Eu fui ao mercado das flores
E eu comprei flores
Para você
Meu amor
Eu fui ao mercado de ferro-velho
E eu comprei correntes
Pesadas correntes
Para você
Meu amor
E depois eu fui no mercado de escravos
E eu te procurei
Mas eu não te achei
Meu amor

Dejeuner du matin

Il a mis le café
Dans la tasse
Il a mis le lait
Dans la tasse de café
Il a mis le sucre
Dans le café au lait
Avec la petite cuiller
Il a tourné
Il a bu le café au lait
Et il a reposé la tasse
Sans me parler
Il a allumé
Une cigarette
Il a fait des ronds
Avec la fumée
Il a mis les cendres
Dans le cendrier
Sans me parler
Sans me regarder
Il s'est levé
Il a mis
Son chapeau sur sa tête
Il a mis
Son manteau de pluie
Parce qu'il pleuvait
Et il est parti
Sous la pluie
Sans une parole
Sans me regarder
Et moi j'ai pris
Ma tête dans ma main
Et j'ai pleuré.

Café da manhã

Ele pôs o café
Na xícara
Ele pôs o leite
Na xícara de café
Ele pós o açúcar
No café com leite
Com a colherzinha
Ele mexeu
Ele bebeu o café com leite
E ele descansou a xícara
Sem me falar
Ele acendeu
Um cigarro
Ele fez rodinhas
Com a fumaça
Ele pôs as cinzas
No cinzeiro
Sem me falar
Sem me olhar
Ele se levantou
Ele pôs
O chapéu na cabeça
Ele pôs
O casaco de chuva
Por fim chovia
Sem uma palavra
Sem me olhar
E eu eu tomei
Minha cabeça em minha mão
E eu chorei

Cantando *Comme d'habitude* você vai aplicar da melhor maneira os verbos aprendidos.

Como exercício, passe para o **passé composé** e, depois, mude o personagem: imagine que é a mulher que fala.

Assim: Il se lève et il me bouscule.....

Comme d'habitude

Letra e música: Claude François
Jacques Revaux
Gilles Thibault

Cantada por: Michel Sardou
ou por Mireille Mathieu

Je me lève et je te bouscule	Eu me levanto e esbarro em você
Tu ne te réveilles pas, comme d'habitude	Você não acorda, como de hábito
Sur toi je remonte le drap	Puxo o lençol sobre você
J'ai peur que tu aies froid, comme d'habitude	Tenho medo que você sinta frio, …
Ma main caresse tes cheveux	Minha mão acaricia seus cabelos
Presque malgré moi, comme d'habitude	Quase involuntariamente/sem querer, …
Et toi, tu me tournes le dos, comme d'habitude	E você, você me volta as costas, …
Alors, je m'habille très vite	Então, eu me visto muito rápido
Je sors de la chambre, comme d'habitude	Saio do quarto, …
Tout(e) seul(e), je bois mon café	Sozinho(a), bebo meu café
Je suis en retard, comme d'habitude	Estou atrasado(a), …
Sans bruit, je quitte la maison	Sem ruído, deixo a casa
Tout est gris dehors, comme d'habitude	Tudo está cinza lá fora, …
J'ai froid, je relève mon col, comme d'habitude	Sinto frio, levanto minha gola, …
Comme d'habitude	
Toute la journée, je vais jouer à faire semblant	O dia inteiro, eu vou brincar de fingir
Comme d'habitude	
Je vais sourire	Vou sorrir
Comme d'habitude	
Je vais même rire	Vou até rir
Comme d'habitude	
Enfin, je vais vivre	Enfim, vou viver
Comme d'habitude	

Et puis, le jour s'en ira	E depois, o dia irá embora
Moi, je reviendrai, comme d'habitude	Eu, eu voltarei,...
Toi, tu seras sorti(e), et pas encore rentré(e)	Você, você terá saído, e ainda não terá voltado
Comme d'habitude	
Tout(e) seul(e), j'irai me coucher	Sozinho(a), irei me deitar
Dans ce grand lit froid, comme d'habitude	Nesta grande cama fria,...
Mes larmes, je les cacherai, comme d'habitude	Minhas lágrimas, eu as esconderei,...
Comme d'habitude	
Même la nuit, je vais jouer à faire semblant	Mesmo à noite, eu vou brincar de fingir
Comme d'habitude	
Tu rentreras	Você voltará
Comme d'habitude	
Je t'attendrai	Eu a(o) esperarei
Comme d'habitude	
Tu me souriras	Você me sorrirá
Comme d'habitude (2x)	
Tu te déshabilleras	Você se despirá
Comme d'habitude	
Tu te coucheras	Você se deitará
Comme d'habitude	
On s'embrassera	Nós nos beijaremos
Comme d'habitude	

Algumas notas finais sobre a conjugação de outros tempos verbais em francês:

1 – O imperfeito do indicativo (**l'imparfait**)

Formamos este tempo retirando o radical da 1ª pessoa do plural do presente do indicativo e acrescentando as terminações:

je	_____	ais
tu	_____	ais
il	_____	ait
nous	_____	ions
vous	_____	iez
ils	_____	aient

A pronúncia das três primeiras pessoas e da 3ª pessoa do plural é a mesma: [é]. Assim, tomamos como exemplo o verbo **prendre** (tomar e pegar):

nous prenons _____ **je prenais** (eu tomava)
_____ **tu prenais**
_____ **il prenait**
_____ **nous prenions**
_____ **vous preniez**
_____ **ils prenaient**

Única exceção: être (ser, estar), que se conjuga assim:

j'étais _____ nous étions
tu étais _____ vous étiez
il était _____ ils étaient

Na canção a seguir, encontramos vários exemplos do uso do **imparfait**.

La Bohème

Charles Aznavour et J. Plante

Je vous parle d'un temps
Que les moins de vingt ans
Ne peuvent pas connaître.
Montmartre, en ce temps-là,
<u>Accrochait</u> ses lilas
Jusque sous nos fenêtres
Et si l'humble garni
Qui nous <u>servait</u> de nid
Ne <u>payait</u> pas de mine,
C'est là qu'on s'est connus:
Moi que <u>criais</u> famine
Et toi qui <u>posais</u> nue.

La bohème, la bohème
Ça <u>voulait</u> dire:
On est heureux.
La bohème, la bohème
Nous ne <u>mangions</u>
Qu'un jour sur deux

Dans les cafés voisins
Nous <u>étions</u> quelques-uns
Qui <u>attendions</u> la gloire
Et bien que miséreux
Avec le ventre creux
Nous ne <u>cessions</u> d'y croire
    Et quand quelque bistrot
Contre un bon repas chaud
Nous <u>prenait</u> une toile
Nous <u>récitions</u> de vers
Groupés autour du poêle
En oubliant l'hiver.

La bohème, la bohème
Ça <u>voulait</u> dire:
Tu es jolie
La bohème, la bohème
Et nous <u>avions</u> tous du génie.

A Boemia

Eu falo para vocês de um tempo
Que os menores de vinte anos
Não podem conhecer.
Montmartre, naquele tempo,
Pendurava seus lilases
Até sobre nossas janelas
E se o humilde quarto mobiliado
Que nos servia de ninho
Não tinha boa aparência,
Foi lá que nos conhecemos
Eu que me queixava da pobreza
E você que pousava nua.

A boemia, a boemia
Queria dizer (significava)
Somos felizes
A boemia, a boemia
Só comíamos
Dia sim dia não

Nos bares vizinhos
Nós éramos alguns dos
Que esperavam a glória
E apesar de miseráveis
Com a barriga vazia
Não deixávamos de acreditar nisso.
E quando algum barzinho
Em troca de uma refeição quente
Nos pegava uma tela
Nós recitávamos versos
Agrupados em volta do fogão
Esquecendo o inverno.

A boemia, a boemia
Queria dizer:
Você é bonita.
A boemia, a boemia
E tínhamos todos talento.

Souvent il m'<u>arrivait</u>	Frequentemente me acontece
Devant mon chevalet	Diante do meu cavalete
De passer des nuits blanches	Passar noites em claro
Retouchant le dessin	Retocando o desenho
De la ligne d'un sein,	Da linha de um seio,
Du galbe d'une hanche	Do perfil de uma anca.
Et ce n'est qu'au matin	E é apenas de manhã
Qu'on <u>s'asseyait</u> enfin	Que sentávamos enfim
Devant un café-crème,	Diante de um café com leite,
Épuisés mais ravis,	Esgotados mas contentes;
<u>Fallait</u>-il que l'on s'aime	Era necessário que nós nos
Et qu'on aime la vie.	Amássemos e que amássemos a vida.
La bohème, la bohème	A boemia, a boemia
Ça <u>voulait</u> dire:	Queria dizer:
On a vingt ans.	Temos vinte anos.
La bohème, la bohème	A boemia, a boemia
Et nous <u>vivions</u>	E nós vivíamos de brisa.
De l'air du temps.	
Quand au hasard des jours,	Quando ao acaso dos dias
Je m'en vais faire un tour	Vou dar uma volta
À mon ancienne adresse,	No meu antigo endereço,
Je ne reconnais plus	Não reconheço mais
Ni les murs, ni les rues	Nem as paredes, nem as ruas
Qui ont vu ma jeunesse	Que viram minha juventude.
En haut d'un escalier	No alto de uma escada
Je cherche l'atelier	Procuro o atelier
Dont plus rien ne subsiste.	Do qual mais nada resta
Dans son nouveau décor	No seu novo cenário
Montmartre semble triste	Montmartre parece triste
Et les lilas sont morts.	E os lilases morreram.
La bohème, la bohème	A boemia, a boemia
On <u>était</u> jeune, <u>on était</u> fou.	Éramos jovens, éramos loucos
La bohème, la bohème	A boemia, a boemia
Ça ne veut plus rien dire du tout...	Não quer dizer mais nada...

2 – **Futur simple** (futuro do presente do indicativo)
Para formar este tempo, tomamos como base o infinitivo do verbo e acrescentamos as terminações:

je ___ ai
tu ___ as
il ___ a
nous ___ ons
vous ___ ez
ils ___ ont

Ex.: cacher (esconder) — **je cacherai** (eu esconderei)
s'habiller (vestir-se) — **je m'habillerai** (eu me vestirei)
sourir (sorrir) — **je sourirai** (eu sorrirei)

Exceções:
être (ser, estar) — **je serai**
avoir (ter) — **j'aurai**
faire (fazer) — **je ferai**
venir (vir) — **je viendrai**
aller (ir) — **j'irai**
pouvoir (poder) — **je pourrai**
vouloir (querer) — **je voudrai**
savoir (saber) — **je saurai**
courir (correr) — **je courrai**
envoyer (enviar) — **j'enverrai**
mourir (morrer) — **je mourrai**
voir (ver) — **je verrai**
valoir (valer) — **je vaudrai**

3 – **Conditionnel** (futuro do pretérito do indicativo)
Tomando como base o radical do **futur simple** e acrescentando-se as terminações do **imparfait**: ais, ais, ait, ions, iez, aient.
Ex.: voir (ver) — **je verrais** (eu veria)
avoir (ter) — **j'aurais** (eu teria)
vouloir (querer) — **je voudrais** (eu gostaria, eu quereria)

Após completar com o <u>futur simple</u> dos verbos entre parênteses, você encontrará uma bela canção:

Un jour, tu .... (voir)	Um dia você verá
Un jour, tu ...., (voir).	Um dia você verá
On se ...., (rencontrer)	Nós nos encontraremos
quelque part, n'importe où,	em algum lugar, qualquer lugar
guidés par le hasard.	guiados pelo acaso
Nous nous .... (regarder)	Nós nos olharemos
et nous nous .... (sourire)	e nós nos sorriremos
et la main dans la main,	e de mãos dadas
par les rues, nous ....(aller).	pelas ruas, nós iremos.
Le temps passe si vite,	O tempo passa tão rápido,
le soir ....bien (cacher)	a noite esconderá
nos coeurs, ces deux voleurs	nossos corações, estes dois ladrões
qui gardent leur bonheur,	que guardam a felicidade deles,
puis nous .... (danser)	depois nós dançaremos
sur une place grise	numa praça cinza
où les pavés .... doux (être)	onde as pedras serão doces
à nos âmes grises...	para nossas almas tristes...
Il .... un bal, (y avoir)	Haverá um baile
très pauvre et très banal,	muito pobre e muito banal
sous un ciel plein de brume	sob um céu cheio de bruma
et de mélancolie,	e de melancolia,
un aveugle .... (jouer)	um cego tocará
de l'orgue de Barbarie,	realejo
cet air pour nous .... (être)	esta canção para nós será
le plus doux, le plus joli...	a mais doce, a mais bonita...
Et tu m'................., (inviter)	E você me convidará
ma taille tu .... (prendre)	minha cintura você tomará
nous .... tranquilles (danser)	nós dançaremos tranquilos
loin des gens de la ville.	longe das pessoas da cidade.

4 – **Impératif** (imperativo)
   Há três regras básicas:

a) só conjugamos três pessoas: **tu, nous, vous**;
b) é a mesma formação do presente do indicativo;
c) os verbos da primeira conjugação **er**, perdem o s na 2ª pessoa do singular.
   Ex.: tu parles – Parle!
         tu marches – Marche!

Só há quatro exceções: em vez dos verbos abaixo saírem do presente do indicativo, eles saem do presente do subjuntivo.
Ex.: être: sois – soyons – soyez
      avoir: aie – ayons – ayez
      savoir: sache – sachons – sachez
      vouloir: veuille – veuillons – veuillez

Imperativo dos verbos pronominais: mantemos o pronome pessoal complemento:
Ex.: s'habiller

je m'habille
tu t'habilles   ———— habille-toi/ne t'habille pas!
il s'habille
nous nous habillons ———— habillons-nous!/ne nous habillons pas!
vous vous habillez ————habillez-vous! / ne vous habillez pas!
   ils s'habillent

Atenção: Também perdem o s na 2ª pessoa do singular os seguintes verbos da terceira conjugação: **aller, ouvrir, offrir.**

Você verá agora como o grande compositor belga Jacques Brel imortalizou o **impératif**.

Ne me quitte pas

Ne me quitte pas
Il faut oublier
Tout peut s'oublier
Qui s'enfuit déjà
Oublier le temps
Des malentendus
Et le temps perdu
À savoir comment
Oublier ces heures
Qui tuaient parfois
A coups de pourquoi
Le coeur du bonheur
Ne me quitte pas

Moi, je t'offrirai
Des perles de pluie
Venues de pays
Où il ne pleut pas
Je creuserai la terre
Jusqu'après ma mort
Pour couvrir ton corps
D'or et de lumière
Je ferai un domaine
Où l'amour sera roi
Où l'amour sera loi
Où tu seras reine
Ne me quitte pas

Ne me quitte pas
Je t'inventerai
Des mots insensés
Que tu comprendras
Je te parlerai
De ces amants-là
Qui ont vu deux fois
Leurs coeurs s'embraser

Je te raconterai
L'histoire de ce roi
Mort de n'avoir pas pu
Te rencontrer
Ne me quitte pas

On a vu souvent
Rejaillir le feu
D'un ancien volcan
Qu'on croyait trop vieux
Il est, paraît-il
Des terres brûlées
Donnant plus de blé
Qu'un meilleur avril
Et quand vient le soir
Pour qu'un ciel flamboie
Le rouge et le noir
Ne s'épousent-ils pas?
Ne me quitte pas

Ne me quitte pas
Je ne vais plus pleurer
Je ne vais plus parler
Je me cacherai là
À te regarder
Danser et sourire
Et à t'écouter
Chanter et puis rire
Laisse-moi devenir
L'ombre de ton ombre
L'ombre de ta main
L'ombre de ton chien
Ne me quitte pas
Ne me quitte pas
Ne me quitte pas
Ne me quitte pas

Não me deixe

Não me deixe
É preciso esquecer
Tudo se pode esquecer
Que (quem) já se foi
Esquecer o tempo
Dos mal-entendidos
E o tempo perdido
A (querer) saber como
Esquecer estas horas
Que de tantos porquês
Por vezes matavam
O coração da felicidade
Não me deixe

Eu lhe oferecerei
Pérolas de chuva
Vindas de países
Onde nunca chove
Escavarei a terra
Até depois da morte
Para cobrir o seu corpo
De ouro e de luz
Criarei um país
Onde o amor será rei
Onde o amor será lei
Onde você será rainha
Não me deixe

Não me deixe
Eu inventarei para você
Palavras insensatas
Que você compreenderá
Eu lhe falarei
Daqueles amantes
Que viram duas vezes
Seus corações se abrasarem

Eu lhe contarei
A história daquele rei
Morto por não ter podido
Encontrar você
Não me deixe

Vimos muitas vezes
Reacender o fogo
Do antigo vulcão
Que julgávamos velho
Existem, parece,
Terras queimadas
Produzindo mais trigo
Que um melhor abril (= primavera)
E quando vem a noite
Para que um céu se inflame
O vermelho e o negro
Não se casam?
Não me deixe

Não me deixe
Eu não vou mais chorar
Eu não vou mais falar
Eu me esconderei aí
Para ver você
Dançar e sorrir
Para ouvir você
Cantar e rir
Deixe-me ser
A sombra da sua sombra
A sombra da sua mão
A sombra do seu cão
Não me deixe

Outro exemplo inesquecível do uso do impératif dos verbos pronominais.

Charles Baudelaire (1821-1867) é considerado o primeiro e maior poeta da modernidade. Segundo ele, o poeta é dividido entre a aspiração para a sublime beleza *(l'idéal)* e o peso da mediocridade humana, o mal de viver, a angústia, o tédio, aflição esta expressa pela intraduzível palavra *spleen*. *Les Fleurs du Mal* e *Les Petits Poèmes en prose* nos mostram as meditações de um homem entre a exaltação e o desespero, entre o *idéal* e o *spleen*.
Enivrez-vous é um exemplo de poema em prosa que bastaria para provar que a versificação não é a base da poesia. O tempo é um dos temas favoritos de Baudelaire. Escapar ao tempo é escapar da condição trágica do homem e do *spleen*.

Enivrez-vous

Il faut être toujours ivre. Tout est là: c'est l'unique question. Pour ne pas sentir l'horrible fardeau du Temps qui brise vos épaules et vous penche vers la terre, il faut vous enivrer sans trêve.

Mais de quoi? De vin, de poésie ou de vertu, à votre guise. Mais enivrez-vous.

Et si quelquefois, sur les marches d'un palais, sur l'herbe verte d'un fossé, dans la solitude morne de votre chambre, vous vous réveillez, l'ivresse déjà diminuée ou disparue, demandez au vent, à la vague, à l'étoile, à l'oiseau, à l'horloge, à tout ce qui fuit, à tout ce qui gémit, à tout ce qui roule, à tout ce qui chante, à tout ce qui parle, demandez quelle heure il est; et le vent, la vague, l'étoile, l'oiseau, l'horloge, vous répondront: "Il est l'heure de s'enivrer! Pour n'être pas les esclaves martyrisés du Temps, enivrez-vous sans cesse! De vin, de poésie ou de vertu, à votre guise".

Embriaguem-se

É preciso estar sempre embriagado (exaltado, entusiasmado). Tudo está aí: é a única questão. Para não sentirem o horrível fardo do Tempo que abate seus ombros e os inclina para o chão, é preciso se embriagar (se entusiasmar) sem trégua.

Mas de quê? De vinho, de poesia ou de virtude (no sentido de viver segundo um ideal), à sua vontade. Mas embriaguem-se (entusiasmem-se).

Mas se às vezes, nos degraus de um palácio, na relva verde de um fosso, na solidão triste de seu quarto, vocês acordam, a embriaguez (o entusiasmo) já diminuída ou desaparecida, perguntem ao vento, à onda, à estrela, ao pássaro, ao relógio, a tudo que foge, a tudo que geme, a tudo que rola, a tudo que canta, a tudo que fala, perguntem que horas são; e o vento, a onda, a estrela, o pássaro, o relógio, lhes responderão: "É hora de se embriagarem (se entusiasmarem)! Para não serem os escravos martirizados (torturados) do Tempo, embriaguem-se (exaltem-se) sem cessar! De vinho, de poesia ou de virtude, à sua vontade".

5 – **Subjonctif présent** (presente do subjuntivo)
Para formarmos este tempo, tomamos a 3ª pessoa do plural do presente do indicativo e acrescentamos as seguintes terminações:

je _____ e
tu _____ es
il _____ e
nous _____ ions
vous _____ iez
ils _____ ent

Ex.: presente do subjuntivo do verbo **dire** (dizer):
ils disent _____ que je dise (que eu diga)
_____ tu dises
_____ il dise
_____ nous disions
_____ vous disiez
_____ ils disent

Observação importante: os verbos a seguir não seguem a regra geral de formação do subjuntivo. Eles são:
— **aller** (ir) — **que j'aille** (que eu vá)
— **avoir** (ter) — **que j'aie** (que eu tenha)
— **être** (ser, estar) — **que je sois** (que eu seja ou esteja)
— **faire** (fazer) — **que je fasse** (que eu faça)
— **falloir** (ser necessário) — **qu'il faille** (que seja necessário)
— **pouvoir** (poder) — **que je puisse** (que eu possa)
— **savoir** (saber) — **que je sache** (que eu saiba)
— **valoir** (valer) — **que je vaille** (que eu valha)
— **vouloir** (querer) — **que je veuille** (que eu queira)

Hyme National Français

La Marseillaise

Allons, enfants de la Patrie,	Vamos, filhos da Pátria,
Le jour de gloire est arrivé;	O dia de glória chegou;
Contre nous de la tyrannie	Contra nós da tirania
L'etendard sanglant est levé (bis)	A bandeira sangrenta é desfraldada
Entendez-vous dans les campagnes	Ouvem vocês nos campos
Mugir ces féroces soldats?	Gritar esses ferozes soldados?
Ils viennent jusque dans nos bras	Eles vêm até nossos braços
Égorger nos fils, nos compagnes.	Degolar nossos filhos, nossas companheiras
Aux armes, citoyens!	Às armas, cidadãos!
Formez vos bataillons!	Formem seus batalhões!
Marchons! Marchons!	Marchemos! Marchemos!
Qu'un sang impur	Porque um sangue impuro
Abreuve nos sillons!	Banha nossas terras!
Amour sacré de la Patrie,	Amor sagrado da Pátria,
Conduis, soutiens nos bras vengeurs	Conduz, sustenta nossos braços vingadores
Liberté, liberté chérie,	Liberdade, liberdade querida,
Combats avec tes défenseurs! (bis)	Combate com teus defensores!
Sous nos drapeaux que la victoire	Sob nossas bandeiras, que a vitória
Accoure à tes mâles accents!	Acuda aos teus acordes viris
Que tes ennemis expirants	Que teus inimigos ao morrerem
Voient ton triomphe et notre gloire.	Vejam teu triunfo e nossa glória!

O hino francês foi composto em 1792, poema e música, por um oficial de engenharia chamado Claude Rouget de Lisle (1760–1836) na cidade francesa de Strasbourg. A princípio, chamava-se **Chant de guerre de l'armée de Rhin** (Canto de guerra do exército do Reno). Como foram os marselheses (franceses da cidade de Marseille) que o tornaram conhecido em Paris, passou a ser chamado **La Marseillaise**. Marseille: cidade ao sul da França e porto importante do mar Mediterrâneo.

Respostas dos Exercícios

Página 213

Je vais au marché...
Et j'achète...
Je vais au marché...
Et j'achète...
Je vais au marché...
Et j'achète
Et puis je vais...
Et je te cherche
mais je ne te trouve pas

Página 214

Il met le café...
Il met le lait...
Il met le sucre...
...
Il tourne
Il boit
Et il repose
...
Il allume
...

Il fait
...
Il met...
...
Il se lève
Il met
...
Il met
...
Parce qu'il pleut
Et il part
...
Et moi, je prends
...
Et je pleure.

Página 221

tu verras
tu verras
rencontrera
regarderons
sourirons
irons
cachera
danserons
seront
y aura
jouera
sera
inviteras
prendras
danserons

ROTAPLAN
GRÁFICA E EDITORA LTDA

Rua Álvaro Seixas 165 parte
Engenho Novo - Rio de Janeiro - RJ
Tel/Fax: 21-2201-1444
E-mail: rotaplanrio@gmail.com